Matthias Herrchen

Das Buch vom Himmel

SCM R.Brockhaus

SCM

Stiftung Christliche Medien

© 2012 SCM R.Brockhaus im SCM-Verlag GmbH & Co. KG
Bodenborn 43 · 58452 Witten
Internet: www.scm-brockhaus.de
E-Mail: info@scm-brockhaus.de

Soweit nicht anders angegeben,
sind die Bibelverse folgender Ausgabe entnommen:
Neues Leben. Die Bibel, © der deutschen Ausgabe 2002 und 2006
SCM R.Brockhaus im SCM-Verlag GmbH & Co. KG, Witten.

Weiter wurden verwendet:
Lutherbibel, revidierter Text 1984, durchgesehene Ausgabe
in neuer Rechtschreibung, © 1999 Deutsche Bibelgesellschaft, Stuttgart.

Umschlaggestaltung: Medienagentur Hallenberger, www.tb-hallenberger.de
Satz: Christoph Möller, Hattingen
Druck und Bindung: CPI - Ebner & Spiegel, Ulm
Gedruckt in Deutschland
ISBN 978-3-417-26460-9
Bestell-Nr. 226.460

INHALT

Vorwort

Kein Auge hat je gesehen, kein Ohr je gehört und kein Verstand je erdacht, was Gott für diejenigen bereithält, die ihn lieben.

1. KORINTHER 2,9

Wenn Menschen erfahren haben, dass ich über den Himmel predige und schreibe, haben sie oft obigen Vers zitiert. Darf man sich überhaupt damit beschäftigen, wenn man doch gar nicht genau wissen kann, was uns im Himmel erwartet? Ist nicht alles nur Spekulation? Bleibt der Himmel letztlich eine riesengroße Überraschung? Diese Fragen schwangen (un-)ausgesprochen dabei mit. Der Himmel kommt vielen Menschen wie ein riesengroßes Geschenk vor, das erst am Geburtstag geöffnet werden darf. Was nach dem Tode kommt, das wissen wir also erst, wenn es so weit ist. Darf man denn vorher schon einen Blick in die Verpackung werfen? Darf man das Papier ein wenig aufreißen?

Man darf! Denn die Aussage aus dem 1. Korintherbrief geht noch weiter: „Wir dagegen wissen darum, weil Gott es uns durch seinen Geist offenbart hat" (1. Korinther 2,10). Wir könnten gar nichts über den Himmel wissen, weil es eine Welt ist, die für uns nicht zugänglich ist. Aber Gott hat sie uns aufgeschlossen und wir dürfen jetzt schon viele Dinge erfahren, die unsere Vorfreude vergrößern sollen. Gott möchte, dass wir Bescheid wissen. Und wir sollten das, was Gott uns offenbaren möchte, nicht einfach ignorieren.

Dieses Buch ist aber nicht nur aus theologischem Interesse entstanden, sondern auch aus dem persönlichen Erleben. Meine Frau Claudia leidet an einer fortschreitenden, unheilbaren Tumorerkrankung. Deshalb haben wir uns in der Familie schon lange mit dem Thema Tod und ewiges Leben auseinandergesetzt. Das

Sterben war in unserem Denken immer präsent, weil es wie ein Damoklesschwert über unserem Leben hing. Manchmal ging es nur haarscharf daran vorbei, manchmal fühlten wir uns meilenweit vom Tod entfernt, aber wir konnten dieses Thema nie völlig ausblenden.

Als dann ein naher Familienangehöriger unerwartet gestorben ist, sollte ich als „Haus-und-Hof-Seelsorger" Antworten geben auf die vielen Fragen rund um das Leben nach dem Tod. „Wie ist es dort? Wie geht es ihm jetzt? Kann er uns sehen?" Dabei habe ich gemerkt, wie wenig dieses Thema in vielen Köpfen und Gemeinden präsent ist. Wir wissen, dass es den Himmel gibt und dass er unvorstellbar schön ist, und dabei lassen wir es bewenden. Erst wenn wir uns aus persönlicher Betroffenheit mit dem Sterben auseinandersetzen müssen, tauchen auch die Fragen nach den Einzelheiten auf, und wir entdecken, dass wir kaum irgendwo Antworten finden.

Dieses Buch soll eine Hilfe sein – aber nicht nur für Betroffene. Es ist nicht zur reinen Wissensvermittlung gedacht, sondern berücksichtigt auch die Lebenssituationen, in denen wir uns mit dem Himmel beschäftigen. Es greift Ängste und Fragen auf, die uns umtreiben. Dabei zeichnet es ein Bild vom Himmel, das konkreter ist, als wir es je vermutet haben. Manchmal möchte man die Luft anhalten und fragen: „Ist das nicht ein bisschen gewagt?" Aber eigentlich ist es nur ungewohnt, so offen und konkret darüber zu reden. Manchem mag der Umgang mit den Bibelstellen zu sorglos erscheinen, weil ich eine wörtliche Auslegung da, wo es möglich ist, bevorzuge. Versuchen Sie dennoch, vorurteilsfrei das Bild vom Himmel, wie es in diesem Buch entworfen wird, auf sich wirken zu lassen. Ich mache Mut dazu, auch ohne theologische Ausbildung die Bibel zur Hand zu nehmen und sich selbst eine Meinung zu bilden. Gott hat uns sein Wort geschenkt, um etwas zu offenbaren und nicht zu verhüllen. Deshalb können wir ihn verstehen, wenn wir unvoreingenommen in die Bibel hineinschauen und bereit sind, unser Denken von ihm auf den Kopf stellen zu lassen.

Bei all den Risiken und Nebenwirkungen, die solch ein Buch mit sich bringt, hoffe ich doch, dass die Beschäftigung mit dem Thema dazu führt, dass wieder eine ganz große Freude auf die neue Welt Gottes angefacht wird und Christen mehr vom Ziel her leben. In der Vorbereitungsphase zu diesem Buch habe ich einige Abschnitte meinen Kindern vorgelesen, die spontan äußerten, dass sie später auch gerne im Himmel sein möchten, wenn es dort so schön sei. Wenn es vielen Lesern so geht, dann hat dieses Buch sein Ziel erreicht.

Matthias Herrchen

Kapitel 1

Der weite Blick

Aber es ist passiert, wie es in der Schrift heißt: „Kein Auge hat je gesehen, kein Ohr je gehört und kein Verstand je erdacht, was Gott für diejenigen bereithält, die ihn lieben." Wir dagegen wissen darum, weil Gott es uns durch seinen Geist offenbart hat. Sein Geist weiß alles und schenkt uns einen Blick selbst in die tiefsten Geheimnisse Gottes. Niemand weiß, was ein Mensch wirklich denkt, außer der Geist des Menschen selbst, der in ihm ist; und niemand kann Gottes Gedanken erkennen, außer der Geist Gottes. Und Gott hat uns nicht den Geist dieser Welt gegeben, sondern seinen Geist, damit wir das begreifen können, was Gott uns geschenkt hat.

1. KORINTHER 2,9–12

Am Anfang war das Wort. Das Wort war bei Gott und das Wort war Gott. Er war am Anfang bei Gott. Durch ihn wurde alles geschaffen, was ist. Es gibt nichts, was er, das Wort, nicht geschaffen hat. Das Leben selbst war in ihm, und dieses Leben schenkt allen Menschen Licht. Das Licht scheint in der Dunkelheit, und die Dunkelheit konnte es nicht auslöschen. (…) Er kam in die Welt, die ihm gehört, und sein eigenes Volk nahm ihn nicht auf. All denen aber, die ihn aufnahmen und an seinen Namen glaubten, gab er das Recht, Gottes Kinder zu werden. Sie wurden dies weder durch ihre Abstammung noch durch menschliches Bemühen oder Absicht, sondern dieses neue Leben kommt von Gott. Er, der das Wort ist, wurde Mensch und lebte unter uns. Er war voll Gnade und Wahrheit und wir wurden Zeugen seiner Herrlichkeit, der Herrlichkeit, die der Vater ihm, seinem einzigen Sohn, gegeben hat.

JOHANNES 1,1–5.11–14

Blick über den Horizont

Es war ein düsterer Ort, an dem wir gelandet waren. Die Wolken hingen über dem engen Talkessel. Wenn das Wetter einmal aufklarte, sah man den bedrohlichen Vulkan Pichincha hoch über der Stadt Rauchwolken ausstoßen und Asche spucken. Militär war aufgefahren, brennende Reifen waren als Straßensperren errichtet, ein Putsch drohte, an jeder Straßenecke schien die Situation zu eskalieren. Und mittendrin waren wir als frischgebackene Missionare in Quito, der Hauptstadt von Ecuador, mit vier kleinen Kindern, ohne Auto, eingesperrt zwischen Abgasen und Lärm. Unsere vorläufige Unterkunft lag an einer achtspurigen Hauptverkehrsader. Isolierte Fenster gab es nicht, dazu gingen die Fenster alle zur Straße hinaus. Es drückte auf das Gemüt, an solch einem Ort wie eingesperrt zu sein.

Aber dann kam der Tag, an dem wir einen 26 Jahre alten Chevrolet Nova unser Eigen nennen durften. Mit dicken Blattfedern ausgerüstet, war er bestens geeignet für die riesigen Schlaglöcher auf den Straßen von Ecuador. Zum ersten Mal fuhren wir dann mit unserem Gefährt aus dem finsteren Talkessel über die Anhöhe zwischen den 4 000 Meter hohen Bergen hindurch, die Quito umgeben. Das war ein Augenblick, den wir nie mehr vergessen werden: Vor uns öffnete sich das weite, liebliche Tumbacotal, und in der Ferne ragte an diesem klaren Tag der schneebedeckte Cotopaxi mit seinen fast 6 000 Metern majestätisch in die Höhe. Der wunderschöne kegelförmige Vulkan hat sich tief in unser Gedächtnis eingebrannt, obwohl wir ihn selber nie bestiegen haben.

Dieser Blick über den Horizont hat später manchen trüben Tag heller werden lassen, weil vor unserem inneren Auge die Weite und Schönheit der Bergwelt Ecuadors stand. Wir hatten gesehen, dass unsere Welt mehr bereithielt als die dunklen Straßen von Quito. Die äußere Enge wurde durch die innere Weite aufgehoben.

Freude auf den Himmel?

Kennen Sie auch solche bedrückenden Situationen in Ihrem Leben? Wenn sich Berge von Sorgen auftürmen, wenn Nebelschwaden der Orientierungslosigkeit uns verwirren, wenn sich schwarze Löcher aus Streit und Ärger auftun, können wir nicht mehr klar sehen. Wir sitzen gefangen im Loch der Angst und können weder vor noch zurück. In den Begrenzungen des Alltags ist es wichtig, den weiten inneren Blick zu behalten, den wir schon einmal in die zukünftige Welt gewagt haben. Manchmal bräuchten wir ein Gefährt wie damals unseren Chevrolet Nova, das uns über den Horizont hinausfährt, damit unser Auge weiter blicken kann als auf die Dunkelheit und Probleme des Lebens, auf die Berge, die sich vor uns auftürmen. Der Blick über den Horizont ist kein Luxus für besonders eifrige Bibelforscher. Er ist lebensnotwendig, um dieses Leben zu meistern. Vielleicht kann dieses Buch solch ein Gefährt sein, das uns die Augen öffnet.

Gott möchte uns den Blick über den Horizont schenken. Er kennt unsere Sehnsucht nach Ewigkeit, er hat sie ja in unser Herz gelegt (Prediger 3,11). Er möchte unseren Blick weiten, uns sehende Augen für seine unsichtbare Wirklichkeit schenken. In der Bibel finden wir solche Ausblicke auf das Leben nach dem Tod. Sie sollen unseren Alltag verändern und das Licht der Ewigkeit in unsere Herzen brennen. Sie sollen die Vorfreude entfachen, weil das, was uns da vorgestellt wird, so herrlich und wunderbar ist, dass es uns den Atem raubt. Es ist so, als würde man von einem hohen Berg, mit einem Ausblick voller atemberaubender Schönheit, wieder in das dunkle Tal zurückkehren – der weite Blick geht mit, die Strahlen der Morgensonne brennen sich in das Gesicht.

Aber wenn wir ganz ehrlich sind: Wer von uns freut sich tatsächlich auf den Himmel? Ist uns die Erde nicht oft viel lieber? Hier wissen wir wenigstens, was wir haben, wenn wir etwas haben. „Der Spatz in der Hand ist besser als die Taube auf dem Dach", so sagt der Volksmund. Deshalb möchten wir eigentlich gar nicht unser irdisches Leben gegen den Himmel eintauschen, wenn wir es uns aussuchen könnten. Wer hat denn tatsächlich eine Vorstellung davon, wie der Himmel aussieht? Wie soll man sich ein Bild von etwas machen, zu dem es keine Entsprechung aus unserer Erfahrung gibt? Wie soll etwas greifbar werden, wenn es nichts gibt, womit wir es vergleichen können? Und Gottes neue Welt muss doch völlig anderen Wesens sein als alles, was wir kennen. Oder ist der Himmel nur eine etwas bessere Erde?

In unserer Hilflosigkeit beschreiben wir den Himmel vor allem mit Aussagen darüber, was es dort *nicht* gibt: „keinen Schmerz, keine Krankheit, kein Leid" (Offenbarung 21,4). Das ist vorstellbar und natürlich toll, dass es diese Dinge nicht mehr geben wird, vor allem für Menschen, die darunter zu leiden haben. Den Himmel beschreiben wir dann mit der Abwesenheit von allem, was uns in dieser Welt Mühe macht, was uns Angst bereitet, was unseren Alltag erschwert. Dabei lassen wir das aus, was zum Beispiel auch in diesem Kapitel 21 der Offenbarung an positiven Beschreibungen des Himmels gegeben wird. In Vers 3 heißt es, dass Gott bei den Menschen wohnen und seine Herrlichkeit alle Himmelskörper überstrahlen wird, er selbst wird das Licht sein in der Stadt, die aus dem Himmel herabkommt (Vers 23).

Wer sich den Himmel nur als Abwesenheit von allem Schlechten vorstellt, muss sich nicht wundern, wenn in seinem Himmel nur gähnende Leere herrscht.

Das Paradies, das wir alternativ in unserer Vorstellung gespeichert haben, ist allerdings nicht nur eine Zusammenfassung von allem Positiven, das es auf der Erde gibt, wie wir oft meinen. Das wäre doch etwas wenig. Der Himmel ist nicht nur eine Erde ohne Fehler. Trotzdem wissen wir immer noch nicht, wie der Himmel aussieht. Es beschleicht uns das nagende Gefühl, dass der Himmel vielleicht doch nicht so schön ist, wie alle immer behaupten. Das Nichtwissen raubt uns die Freude.

Erschwerend kommt noch dazu, dass die sogenannten positiven Ausblicke auf den Himmel für viele von uns gar nicht so positiv klingen. Beschreibungen, die wir in der Offenbarung finden, klingen in unseren Ohren fast wie Karikaturen. Es kommen Vermutungen auf, dass wir einen Gottesdienst feiern, der unendlich lange, nämlich ewig, dauert und nicht nur eine Stunde, was für manchen Zeitgenossen auch schon eine gefühlte Ewigkeit ist. Wie viel Abwechslung soll man da hineinbringen, wenn schon irdische Gottesdienste oft nicht gerade unterhaltsam sind? Wir stellen uns vor, dass wir auf Wolken schweben und Harfe spielen, auch das ist für viele nicht gerade ein Instrument mit großer klanglicher Vielfalt, vor allem, wenn es alle spielen, bekleidet mit einheitlich weißen Kleidern, langweilig und steril wie ein OP-Hemd. Das mag alles schön weiß und weich sein, ist aber doch eher für Käsewerbung geeignet als für das tägliche Leben. Wir stellen uns die Frage, wie eine ewige Anbetungszeit aussieht, und verbinden das mit der Erfahrung von irdischen Anbetungszeiten: Wie oft kann man eine Liedstrophe wiederholen, bevor sie aus den Ohren wieder herauskommt? Wie lange kann man die erhebenden Gefühle aufpeitschen? Wann ist vielleicht doch ein Punkt erreicht, an dem man aufhören sollte? Viele Dinge, die wir tun, können sehr erhebend sein, wenn man es nicht übertreibt. Aber das ist das Problem in der Ewigkeit: Man kann es doch nur übertreiben! Was soll man auch sonst tun? Und für all diese Vermutungen lassen sich durchaus Bibelstellen finden, die das belegen. Das ist vielleicht noch das Schlimmste dabei. Unser negatives Bild vom Himmel lässt sich biblisch begründen, und trotzdem ist es unbegründet, weil wir dabei das große Ganze aus den Augen verlieren. Wir nehmen einige Momentaufnahmen aus der Offenbarung des Johannes, multiplizieren sie mit der Ewigkeit und bekommen Angst vor dem Himmel.

Könnte das der Grund sein, warum wir lieber auf der Erde bleiben möchten, als in den Himmel zu kommen und vielleicht ewig Langeweile zu haben? Manch einer hat schon gefrotzelt, dass er lieber in die Hölle möchte, weil da wenigstens etwas los ist. Das ist natürlich nicht so ernst gemeint, weil jedem klar ist, dass die Hölle ein furchtbarer Ort ist. Aber es macht unsere Befürchtungen in Bezug auf den Himmel deutlich.

> Wer sich mit dem Himmel beschäftigt, ist wie ein Bergsteiger auf einem Berg, der den Sonnenaufgang beobachtet. Es macht viel Mühe, aber es ist ein unvergesslicher Ausblick.

Wenn wir nicht gerade alt und krank sind oder extremes Leid erleben und deshalb sowieso jeder andere Zustand besser wäre, freuen wir uns vermutlich nicht besonders auf den Himmel. Denn wenn es uns gut geht und wir Freude und Glück erleben, werden wir das doch nicht eintauschen wollen gegen etwas, das wir gar nicht kennen. Das irdische Glück ist das Einzige, über das wir etwas sagen können. Darüber können wir uns von Herzen freuen, und das wollen wir auch. „Der Himmel kann warten!" So denken auch viele Christen. Das Thema Himmel wird von vielen deshalb einfach totgeschwiegen. Die Freude auf die Herrlichkeit ist eher eine Freude aus Pflichtgefühl. „Natürlich freuen wir uns auf den Himmel! Was bleibt uns anderes übrig? Schließlich müssen wir dort eine Ewigkeit verbringen."

Licht am Ende des Tunnels

Aber viele von uns kennen auch die anderen Situationen. Wenn das Leben uns beutelt, wenn wir keine Perspektive mehr haben, wenn wir ganz am Boden sind, dann wünschen wir uns ein Licht am Ende des Tunnels. Wir brauchen die Perspektive, dass es noch etwas anderes gibt als dieses Leben. Wir möchten an etwas glauben, das größer ist als unsere Situation, für das es sich zu leben lohnt.

Oft wird diese Hoffnung auf ein besseres Leben als Jenseitsvertröstung degradiert. Manchmal wird behauptet, solch eine „Weltflucht" mache uns lebensunfähig. Aber wenn die Hoffnung auf das Jenseits uns im Diesseits so trösten kann, dass wir wieder leben können, dass wir Mut und Kraft bekommen, dann ist es keine Weltflucht mehr. Die Hoffnung auf den Himmel ist in solchen Situationen so wichtig wie das tägliche Brot. Sie hält uns am Leben, sie verändert unser Leben, sie macht uns stark, unsere Probleme in dieser Welt schon anzupacken. Es ist wie der Blick über den Horizont, der uns aufleben lässt. Mit der Aussicht auf eine Belohnung, auf ein Highlight lassen sich schwierige Situationen besser ertragen.

Vor Kurzem musste unsere Tochter nach einem Unfall im Kindergarten am Finger genäht werden. Anschließend fragte sie den Arzt im Krankenhaus nach einer Belohnung für ihr tapferes Aushalten, denn das war sie vom Zahnarzt so gewohnt. Natürlich hat sie auch etwas bekommen. Es war sogar eine richtige Arztausrüstung, zu Hause konnte sie damit jeden verarzten.

Aber der Himmel ist mehr als der Griff in die „Krabbelbox" beim Zahnarzt, wenn die Schmerzen überwunden sind. Der Himmel ist eher wie das Abiturzeugnis nach einer schweren, anstrengenden Schulzeit oder wie das strahlende Gebiss nach der schmerzhaften Zahnbehandlung. Im Jakobusbrief wird die Belohnung im Himmel in einen Zusammenhang gestellt mit den irdischen Leiden (Jakobus 1,12). So könnte man sagen, dass die Erde die Bewährungsphase und der Himmel die Belohnungsphase ist. Nur mit dieser Aussicht lassen sich die Mühen der Bewährung ertragen. Wir wissen, es muss einen tieferen Sinn darin geben. Die Leiden dieser Welt müssen einen Ausgleich haben in der zukünftigen Welt.

Eine andere Situation, in der wir Trost suchen, ist die, wenn ein lieber Mensch, ein Freund oder Verwandter, stirbt. Vor einigen Jahren ist Claudias Vater ganz plötzlich aus dem Leben gerissen worden. Völlig überraschend erlitt er mit 62 Jahren einen Herzinfarkt. In solchen Momenten brechen viele Fragen auf, über die wir uns sonst wenig Gedanken machen. Meistens sind wir völlig verzweifelt und spüren nur noch den Verlust. Wir wünschen uns dann Gewissheit, dass es dem Verstorbenen gut geht. Wir möchten wissen, wie es dort im Himmel ist, was er empfindet und erlebt. Wir brauchen ein konkretes Bild, das wir uns vor Augen halten können. Darin wird der Mensch eingebettet, der von uns gegangen ist.

> Wer sich auf den Himmel freut, der ist wie ein Mensch in einer dunklen Höhle, der das Licht entdeckt, das ihm den Weg nach Hause weist.

Viele Menschen legen sich dabei ihre eigene Realität zurecht, sie denken sich einen schönen Ort aus, damit sie die Ungewissheit ertragen können. Das kann unter Umständen sehr skurrile Blüten treiben. Angefangen beim philosophischen Gedanken vom großen weißen Licht, das alles hell und leicht macht und in dem wir alle aufgehen, bis zu naiven Vorstellungen eines „Putten-Paradieses"[1], wo sogar noch Gartenzwerge hineinpassen würden, ist alles vertreten. Häufig glauben Menschen, dass nach dem Tod alles nur Liebe und Gott der große Geist der Liebe ist, der alles einhüllt und verwandelt. Oft werden einzelne Bilder aus verschiedenen Religionen und Philosophien genommen und wie eine Patchworkdecke zusammengefügt, man spricht dann von einer Patchworkreligion. Ein bisschen Dalai Lama, ein wenig Konfuzius, dazu die ewigen Jagdgründe der Indianer, die lieben Engelein aus der christlichen Mystik und natürlich der liebe Gott, der großzügig alle hineinlässt in seinen Himmel (außer die, die wir nicht mögen). Andere haben noch mehr Fantasie und basteln sich ihr eigenes Luftschloss im Himmel, das es nirgendwo anders gibt. Es ist erstaunlich, worauf Menschen kommen können, wenn sie ein wenig Trost brauchen. Und die Gefahr ist, dass wir uns einen Himmel zusammenbasteln, der unseren Bedürfnissen entspricht. Wir sind dann schnell zufrieden mit unseren selbst gefundenen Antworten. Hauptsache, es fühlt sich schön angenehm und kuschelig an.

Aber erdachte Wunschträume sind eben kein echter Trost, sie zerplatzen wie Seifenblasen an der Realität. Wir können uns sicher sein, dass der Himmel niemals so ist, wie wir ihn uns vorstellen, denn dafür reicht unsere Vorstellung einfach nicht aus. Es nutzt nichts, sich eine Fantasiewelt aufzubauen, von der wir insgeheim wissen, dass sie doch nicht real ist. Man mag sich eine Zeit lang selbst belügen, aber irgendwann holt einen der Selbstbetrug ein. Und trotzdem ist es wichtig zu wissen, wie der Himmel aussieht. Wir brauchen eine zuverlässige Quelle für unsere Informationen, damit wir uns nicht irgendwelchen Illusionen hingeben.

Freude braucht einen Grund

Wenn wir uns auf den Himmel freuen wollen, dann brauchen wir eine Vorstellung wie bei einem Theaterstück, bei dem uns etwas präsentiert wird. Eine Vorführung, die in uns angenehme Gefühle hervorruft, eben Vorfreude. Wir brauchen jemanden, der uns den Himmel vorstellt. Aber wie können wir uns das Unvorstellbare vorstellen, wie können wir etwas beschreiben, zu dem es keine Entsprechung aus unserem Erfahrungshorizont gibt? Muss unsere Fantasie da nicht versagen? Sagt nicht Gott selbst: „Kein Auge hat je gesehen, kein Ohr je gehört und kein Verstand je erdacht, was Gott für diejenigen bereithält, die ihn lieben" (1. Korinther 2,9)? Wird es also die totale Überraschung sein?

Antworten gibt die Bibel, unsere zuverlässigste Quelle, wenn es um Fragen zum Himmel geht. Bei einem Blick in dieses Buch der Bücher werden wir merken, dass der Himmel gar nicht so unvorstellbar ist, wie wir immer behaupten, dass es sehr wohl Entsprechungen gibt, die uns vertraut sind. Den biblischen Autoren gelingt es, uns ein Bild vor Augen zu malen, das Gottes neue Welt beschreibt. Es sind Menschen, die von Gott einen Blick in den Himmel geschenkt bekommen haben, und sie beschreiben, was sie sehen, mit menschlichen Worten und für den menschlichen Verstand, sie benutzen menschliche Bilder und Vergleiche. Deshalb können wir das verstehen, was sie sagen, wir können eine Vorstellung vom Himmel bekommen. Gott selbst, der eigentliche Verfasser der Heiligen Schrift, gibt uns Hinweise, damit wir uns auf den Himmel freuen können, ja, damit wir uns danach sehnen. Diesen Hinweisen gehen wir in diesem Buch nach und werden damit den Himmel Stück für Stück für uns entdecken. Die Überraschung wird dadurch nicht kleiner, aber die Vorfreude nimmt zu, wenn man kleine Hinweise bekommt, die die Neugier verstärken und die Angst vor dem Unbekannten abbauen.

> Geteilte Freude ist doppelte Freude, deshalb teilt Gott die Vorfreude über seine neue Schöpfung mit uns. Nur wer sich mitfreut, verdoppelt die Freude.

Wenn ein Geburtstag oder Weihnachten vor der Tür steht, dann möchte meine Frau immer, dass ich sie neugierig mache, dass ich kleine Hinweise gebe und sie damit nervös mache. So beschäftigt sie sich dauernd mit ihrem Geschenk. Mit der Beschäftigung wird die Vorfreude immer größer und die Liebe zu mir immer stärker, weil sie spürt, dass ich mir Gedanken darüber mache, wie ich ihr eine Freude bereiten kann. So macht es Gott mit uns, wenn er die Tür zu seiner neuen Welt einen kleinen Spalt öffnet, damit wir eine Ahnung von seiner Herrlichkeit bekommen: Die Spannung steigt und die Vorfreude nimmt zu. Wir bekommen eine Ahnung, wie fantastisch Gottes neue Welt sein wird. Und trotzdem sind die Wunder im Jenseits so groß, dass die Überraschung nicht geschmälert wird. Soviel wir jetzt auch schon sehen können, ist es doch nur ein Spalt in die Herrlichkeit Gottes, es ist nur eine Öffnung in der Verpackung.

Wer kommt in den Himmel?

Der betagte Mann war nach dem Gottesdienst auf seinem Platz sitzen geblieben. 80 Jahre alt war er schon und kam seit ein paar Wochen in unsere Gemeinde. Seine Frau hatte vor einigen Jahren den Weg zu Gott gefunden, aber ihm war das alles noch ein bisschen fremd. Er war nicht ungläubig, vor allem war er ein ganz lieber Mensch, aber eine persönliche Entscheidung für Jesus zu treffen, war ihm doch zu extrem. Jetzt saß er da und wollte Gewissheit, dass er in den Himmel käme. Er hatte immer seine Frau bewundert, die mit dieser inneren Ruhe leben konnte. Wir beteten miteinander und er lud Jesus in sein Leben ein. Er war kein Mann der großen Worte, so fiel alles sehr kurz aus. Aber einige Zeit später konnte er mit dieser Gewissheit sterben, dass er auf der anderen Seite von Gott mit offenen Armen empfangen würde. Wer von uns möchte nicht so sterben? Aber was müssen wir dafür tun?

Kennen Sie die Geschichte von König Dickbauch? Dieser König wohnte in einem wunderschönen Schloss mit großen Türmen. Seine Untertanen waren sehr zufrieden mit ihm. Manchmal, wenn er ein wenig melancholisch war, ließ er seinen Hofnarren antanzen, der ihn mit einigen Späßen wieder fröhlich machte. Eines Tages sagte der König: „Lieber Narr, es gibt sicher keinen größeren Narren als dich. Hier hast du mein Zepter, gib es dem größten Narren, den du finden kannst." Der Hofnarr machte sich auf den Weg und bereiste das ganze Land, aber er fand niemanden, der dumm genug war, das Zepter des Königs entgegenzunehmen. Da erreichte ihn die Nachricht, dass der König schwer erkrankt sei. So schnell er nur konnte, eilte er zum Schloss zurück. Dort lag König Dickbauch im Sterben. Der Narr sprach erschrocken: „Oh König, jetzt ist es so weit. Ihr tretet die letzte große Reise an. Habt Ihr Euch denn auf diese Reise gut vorbereitet? Wisst Ihr, wohin die Reise geht und wie Ihr dort ankommen werdet?" Der König schüttelte nur betrübt den Kopf. Da antwortete der Narr mit fester Stimme: „Ihr habt gewusst, dass dieser Tag kommen würde. Ihr habt gewusst, dass dies die wichtigste Reise Eures Lebens wird, und doch habt Ihr Euch nicht darauf vorbereitet? Dann seid Ihr der größte Narr in Eurem Reich!" Damit gab der Narr dem König das Zepter zurück.

Die Frage, wie man in den Himmel kommt, ist die wichtigste Frage unseres Lebens. Und wir müssen jeder eine Antwort darauf haben, wenn es uns nicht so gehen soll wie dem König aus der Geschichte. Wir müssen uns auf unser Sterben vorbereiten, denn nichts ist so sicher wie der Tod.

Die menschlichen Antworten auf die Frage, wer in den Himmel kommt, sind sehr vielfältig, aber eines klingt doch immer wieder durch: Die Guten kommen in den Himmel, die Bösen in die Hölle. Der Maßstab für Gut und Böse ist dabei relativ und hängt auch von dem eigenen Moralverständnis ab. Aber ein großer Konsens ist sicherlich der, dass die guten Taten gegenüber dem fehlerhaften Verhalten überwiegen sollten. Wer also mehr gute Taten als böse aufweisen kann, der hat dieser Auffassung nach gute Chancen, in den Himmel zu kommen. Es ist nicht so wie bei dem kleinen Jungen, der sein Zimmer aufräumen sollte und zur Antwort gab, als er bestraft wurde: „Wieso, ich habe doch gar nichts getan!" Gar nichts tun ist nicht immer das Maß aller Dinge. Besser ist es, etwas Gutes zu tun. Deshalb entspricht ein alter Schlager eher unserer Vorstellung: „Wir kommen alle in den Himmel, weil wir so brav sind!" Und natürlich halten sich die meisten Menschen für brav.

So weit die menschliche Vorstellung. Gottes Sicht der Dinge weicht aber grundlegend davon ab. Kein Mensch, der schon einmal gesündigt hat, der jemals etwas Böses getan hat, kann in den Himmel kommen. Die Sünde hat im Himmel nichts verloren (Römer 3,23; 6,23). Das kann man sich leicht vorstellen, wenn man sich vor Augen führt, wie heilig und rein es in Gottes Gegenwart ist. Jeder, der von Gott nach seinen guten und bösen Taten beurteilt wird, muss verurteilt werden, weil schon *eine* böse Tat ausreicht. Ja, die Bibel sagt uns, dass wir sogar schon als Sünder auf die Welt kommen (Psalm 51,7).

Gott möchte seinen Himmel mit uns teilen und wenn es ihn das Leben kostet. Keiner von uns soll verloren gehen.

Entscheidend ist an dieser Stelle: Gott möchte seinen Himmel mit uns teilen. Deshalb hat er einen Weg gefunden, wie das möglich werden kann: Ein anderer musste für unsere Sünde bestraft werden. Aber kein Mensch war dazu in der Lage, weil jeder für seine eigene Schuld büßen muss. So hat Gott seinen Sohn, Jesus, ans Kreuz nageln lassen. Er hat ihn in die Hölle geschickt, er hat ihm unsere Schuld aufgebürdet, damit wir in den Himmel kommen können (Römer 3,24–25). Es ist genauso, wie wenn jemand anderes die Strafe bezahlt, damit wir aus dem Gefängnis entlassen werden können. Es ist ein Geschenk, es ist ein Wunder. Die Größe dieser Tat von Jesus, dem Sohn Gottes, wird uns bewusst, wenn wir im Philipperbrief den „Christushymnus" lesen (Philipper 2,6–11). Der allmächtige Gott, der Schöpfer aller Dinge, verlässt seine Herrlichkeit, den prachtvollen Himmel, legt seine göttlichen Privilegien und Vollmachten ab und wird ein begrenzter, schwacher Mensch, ja der König der Könige wird sogar ein Diener, ein Verachteter, ein Armer und Rechtloser. Er lässt sich foltern und hinrichten, er erleidet einen grausamen, demütigenden Tod. All das war nötig damit wir gerettet werden können. All das zeigt, wie wichtig es für unseren Gott ist, dass wir seinen Himmel mit ihm teilen können.

Die Einsicht, dass wir Jesus brauchen, um in den Himmel zu kommen, und das Einlassen auf sein Angebot nennt die Bibel *Bekehrung* und *Wiedergeburt*. Es ist die Bitte um Vergebung der Sünden (1. Johannes 1,9) und das Aufnehmen von Jesus in unser Leben (Johannes 1,12), was wir als Menschen tun können. Das geschieht in einem einfachen Gebet. Dabei ist die Form sicherlich unterschiedlich. Manche können diese Schritte mit einem Seelsorger zusammen, nach ausführlicher Erklärung, gut und richtig tun. Das Gebet mit einem Seelsorger kann vor allem dann eine Hilfe sein, wenn Zweifel und Anfechtungen kommen. Andere schreien in ihrer Not zu Gott und werden erhört wie der Verbrecher, der neben Jesus am Kreuz hing. Die Form ist zweitrangig, es ist der Wunsch unseres Herzens, der zählt. Gott schaut nicht auf unsere Worte, sondern auf unser Herz.

Der Himmel ist wie die Ehe: Es gibt nur Freiwillige. Keiner wird gezwungen, jeder muss selber „Ja" sagen.

Gott wird dieses ehrliche Gebet nicht unbeantwortet lassen. Er vergibt uns alle Sünden. Er macht uns zu seinen Kindern, wir werden sozusagen „noch einmal geboren", diesmal als „Himmelsmenschen". Er macht uns zu „Heiligen". Wenn wir einmal vor Gott stehen, dann wird er nichts Böses mehr an uns sehen, denn er schaut das Opfer an, das Jesus für uns gebracht hat. Das ist alles, was zählt. Deshalb können wir auch in den Himmel kommen. Egal wie gut oder schlecht wir vorher gewesen sind, durch das, was Jesus getan hat, bekommen wir die Eintrittskarte in den Himmel geschenkt. Es gibt keinen Menschen, der gut genug ist, sich diesen Eintritt selber zu verdienen, es gibt aber auch niemanden, der so schlecht ist, dass Gott ihm dieses Geschenk verweigern würde. Jeder kommt in den Himmel, der das Geschenk Gottes annimmt. Deshalb wird der Himmel von ganz unterschiedlichen Menschen bevölkert sein. Da sitzt die Hure neben dem Pfarrer, der Mörder neben dem Missionar, Arme neben Reichen und ungebildete Menschen neben Professoren. Das Einzige, was diese Menschen verbindet, ist ihre Beziehung zu Jesus. Sie alle haben sein Geschenk angenommen, deshalb dürfen sie in Gottes Himmel. Sie gehören zu einer Familie und unterscheiden sich nicht mehr in ihrem Ansehen vor Gott. Keiner von ihnen ist besser oder schlechter, keiner braucht sich etwas einzubilden, denn jeder Einzelne ist da, weil Jesus den Zugang zum Himmel frei gemacht hat.

In seinem Buch „Die Pest in Bergamo" lässt der dänische Dichter Jens Peter Jacobsen (1847–1885) einen Mönch während einer Predigt sagen:

„‚Sie ließen Christus das Kreuz durch den aufgewirbelten Staub tragen, rissen ihm die Kleider ab und entblößten seinen Leib vor aller Augen. Dann trieben sie ihm Nägel ins Fleisch und keiner zeigte eine Spur Mitleid. Sie sagten: Bist du der Sohn Gottes, so steige herab vom Kreuz! Und sie schmähten ihn. Da riss er seine Füße aus den Nägeln heraus und ballte seine Hände um die Köpfe der Nägel herum und riss sie heraus, dass die Arme des Kreuzes sich wie ein Bogen spannten. Und er sprang auf die Erde herab und riss das Gewand an sich, sodass die Würfel über den Abhang von Golgatha hinabrollten. Er warf sich das Gewand in königlichem Zorn um die Schultern und fuhr gen Himmel auf. Und das Kreuz blieb leer stehen, das große Werk der Versöhnung wurde niemals vollbracht. Es gibt keinen Mittler zwischen Gott und Menschen. Es ist kein Jesus für uns am Kreuz gestorben.' Da ruft einer der Zuhörer, ein Metzger, mit dröhnender Stimme in die eingeschüchterte Menge: ‚Nagelt ihn wieder ans Kreuz! Kreuziget ihn!'"

Ohne das Kreuz von Golgatha wäre der Himmel leer geblieben!
Deshalb darf das Kreuz nicht leer bleiben.

Kapitel 2

Im Himmel ankommen

Als ich mich umdrehte, um zu sehen, wer zu mir sprach, sah ich sieben goldene Leuchter. Und mitten unter den Leuchtern stand der Menschensohn. Er trug ein langes Gewand mit einem goldenen Gürtel über der Brust. Sein Kopf und sein Haar waren weiß wie Wolle, so weiß wie Schnee. Und seine Augen leuchteten wie Feuerflammen. Seine Füße glänzten wie im Feuer gereinigtes Erz, und seine Stimme war wie das Tosen mächtiger Meereswellen. Er hielt sieben Sterne in seiner rechten Hand, und aus seinem Mund kam ein scharfes zweischneidiges Schwert. Und sein Gesicht strahlte wie die Sonne in ihrer ganzen Pracht. Als ich ihn sah, fiel ich wie tot vor seine Füße. Aber er legte seine rechte Hand auf mich und sagte: „Fürchte dich nicht! Ich bin der Erste und der Letzte und der Lebendige. Ich war tot und bin lebendig für immer und ewig! Ich habe die Schlüssel des Todes und des Totenreichs."

OFFENBARUNG 1,12–18

Und der auf dem Thron saß, war so strahlend wie Edelsteine – wie Jaspis und Karneol. Und ein Glanz wie der eines Smaragds umleuchtete seinen Thron wie ein Regenbogen. (…) Und von dem Thron gehen Blitze, Stimmen und Donner aus. (…) Tag für Tag und Nacht für Nacht hören sie nicht auf zu rufen: „Heilig, heilig, heilig ist der Herr, Gott, der Allmächtige, der immer war, der ist und der noch kommen wird." Immer wenn die lebendigen Wesen dem, der auf dem Thron sitzt und in alle Ewigkeit lebt, Herrlichkeit und Ehre und Dank bringen, fallen die vierundzwanzig Ältesten nieder vor dem, der auf dem Thron sitzt, und beten den an, der in alle Ewigkeit lebt. (…) „Du bist würdig, unser Herr und Gott, Herrlichkeit und Ehre und Macht entgegen-

zunehmen. Denn du hast alle Dinge geschaffen; weil du
es wolltest, sind sie da und wurden sie geschaffen."

OFFENBARUNG 4,3.5.8–11

Gedanken über den Autohimmel

Als ich gerade frisch den Führerschein hatte, durfte ich einen VW
Käfer fahren, der genauso alt war wie ich. Er hatte nur noch ein
paar Monate, bis dass der TÜV uns scheiden würde. Da er ein
Käfer war, nannten wir ihn Herbert, nach seinem großen Vorbild,
dem Superkäfer Herbie. Der Rost hatte sich schon durchgefres-
sen, die Heizung funktionierte nur im Sommer (dafür konnte man
sie dann nicht abschalten), im Winter musste man die Dreiecks-
fenster vorne öffnen, um die Frontscheibe zu enteisen. Bei seinen 34 PS musste man schon kräftig mitwippen, wenn man einen
LKW überholen wollte. Ich hatte zwar versucht, ihn an einigen
Stellen zu reparieren, aber mit mäßigem Erfolg. Nachdem ich
mich mit diesem Auto auch noch überschlagen hatte, sah er ziemlich erbärmlich aus. Mit einem eingedellten Dach, den abgerisse-
nen Seitenholmen und dem Scheinwerfer, der müde an den Ka-
beln baumelte, war es kein Prachtstück mehr.

Eines Tages kam ich in eine Polizeikontrolle. Die Polizisten
gingen nur kopfschüttelnd um das Auto herum und fragten, wie
lange ich damit noch herumfahren wolle. Als meine Antwort lau-
tete, dass er ja noch zwei Monate TÜV habe, dachte ich, sie würden mich gleich wegsperren und den armen Herbert noch dazu.

Inzwischen ist Herbert schon lange im Autohimmel. Dort geht
es ihm richtig gut. Manchmal mache ich mir Gedanken darüber,
wie mein Herbert wohl im Autohimmel aussieht. Sind seine Weh-
wehchen einfach repariert worden? Oder sieht er jetzt aus wie ein
nagelneuer Käfer? Ist er inzwischen zum Lamborghini mutiert?

Oder gleicht er eher Herbie, dem Superkäfer, voll aufgemotzt und mit übernatürlichen Fähigkeiten ausgestattet? Auf alle Fälle bleibt Herbert auch im Autohimmel ein Auto! Oder?

Ohne Warteschleife in den Himmel

Für ein Auto ist es relativ egal, was nach seinem „Ableben" mit ihm passiert. Es ist nur ein Gegenstand, wenn auch manchmal ein heiß geliebter. Bei einem Tier wird die Sache schon etwas drängender. Gibt es nicht doch einen Hunde- oder Katzenhimmel? Darf man nicht zumindest ein wenig darauf hoffen? Wie viele Tierfreunde tragen ihren lieben Kleinen in dieser Hoffnung zu Grabe und würden am liebsten selber an diesen Ort kommen, statt nach ihrem Ableben unter lauter Menschen zu sein? Für sie sei an dieser Stelle schon gesagt, dass es in Gottes neuer Welt wieder Tiere geben wird (vgl. Jesaja 65,25; Römer 8,19–21). Wenn dem nicht so wäre, hätte ich Gott auf alle Fälle noch davon überzeugen müssen, damit meine Frau auch mit mir in Gottes Welt kommen möchte. Ohne Tiere würde ihr das Paradiesische im Paradies fehlen.

Aber letztlich geht es doch um uns Menschen, entweder um uns selber oder aber um liebe Angehörige oder Freunde, für die wir gerne Gewissheit hätten.

Es war ein schrecklicher Augenblick, als meine Frau aus dem Krankenhaus anrief. Nach der Entfernung eines bösartigen Tumors in der Niere lag sie im Uniklinikum Freiburg. Die Operation hatte vor zehn Tagen stattgefunden und damit war es eigentlich viel zu spät für Komplikationen, aber nun hatte sie heftige Schmerzen bekommen und sprach von einer neuen Operation. Als ich im Krankenhaus ankam, standen die Ärzte ratlos vor ihrem Bett und erwogen die Möglichkeiten. Aufgrund einer Blutgerinnungsstörung hatten innere Blutungen begonnen und es war unklar, wie man sie stoppen könnte. Eine erneute Öffnung der Niere hätte die Lage noch verschlimmern können. Es war nicht gewiss, ob sie die Nacht überleben würde, immerhin hatte sie ca. drei Liter Blut verloren. Da war die Frage ganz drängend: „Was passiert, wenn sie jetzt durch diese letzte Tür in die Ewigkeit geht? Beginnt dann das große Bangen und Zittern, ob es reichen wird? Kommt der Seelenschlaf[2] und wo würde sie erwachen? Oder wäre dann alles gut (für sie)? Und nur wir als Angehörige wären traurig, den Mittelpunkt der Familie verloren zu haben." Das waren zumindest Fragen, die wir uns als Familie stellten. Claudia selbst war ganz ruhig und bereit, heimzugehen. Für den besorgten Leser sei noch erwähnt, dass sie uns erhalten geblieben ist. Mit starken Schmerzen, aber ohne erneute Operation hat sie die inneren Blutungen überlebt.

Jesus, mit großer Sachkenntnis zu diesem Thema ausgestattet, macht einfache und klare Aussagen dazu. Bevor Jesus starb, konnte er dem reuigen Verbrecher am Kreuz zusagen: „Heute noch wirst du mit mir im Paradies sein!" (Lukas 23,43). Das bedeutet doch für alle Menschen: Wer an Jesus glaubt, der kommt ohne Verzögerung in den Himmel. Da gibt es keine Warteschleife mehr, keinen Seelenschlaf bis zur Auferstehung, bei dem man nichts mitbekommt. Da kommt auch kein Fegefeuer als Phase der Läuterung für alle Christen, die zwar durch das Opfer Jesu gerettet werden, aber nicht genügend gute Werke getan haben, um gleich in den Himmel zu kommen. Es gibt keine Wartehalle, wo die Menschen auf das große Gericht warten, um dort zu erfahren, ob sie es geschafft haben.

Der Himmel fängt mit dem Sterben an. Wie mit einem Limousinenservice holt Gott seine Leute vor ihrer eigenen Haustür ab und bringt sie in den himmlischen Festsaal.

Wenn ein Mensch stirbt, der Jesus in sein Leben aufgenommen hat (Johannes 1,12), geht er wie durch eine Tür und ist im Himmel, seine Seele wird sogar von einem Engel zu Gott gebracht wie bei dem armen Lazarus in der Geschichte, die Jesus seinen Jüngern erzählt hat (Lukas 16,19–31). Jesus spricht darin von einem reichen Mann, der in Saus und Braus lebte, und von einem armen Mann namens Lazarus, der vor der Tür des Reichen saß, voller Geschwüre war und Hunger litt. Lazarus wird bei seinem Tod von einem Engel in Abrahams Schoß getragen, während der Reiche nach seinem Tod an einen Ort der Qual kommt. Ich glaube, dass diese Geschichte kein Gleichnis ist, denn sie wird auch nicht als solches benannt. Deshalb sollten wir die einzelnen Aussagen dieser Geschichte nicht als Ausschmückungen betrachten, sondern als „Insiderkenntnisse" des Sohnes Gottes.

Ein Mensch, der an Jesus glaubt, hat es wirklich komfortabel. Es gibt keine mühsame Wanderung ins Jenseits wie bei den alten Ägyptern, keinen Fluss, der zu überqueren wäre wie in der griechischen Mythologie, kein Wächter ist da, an dem man vorbeikommen muss. Ein Christ, der stirbt, wird von einem Engel direkt an die Tür des Paradieses gebracht (vgl. Lukas 16,22; Hebräer 1,14). An dieser Tür steht übrigens auch nicht Petrus, mit dem man noch einmal verhandeln müsste. Die Tür zum Himmel ist offen, wie es in dem alten Kinderlied heißt: „Der Himmel steht offen, Herz, weißt du warum? Weil Jesus gekämpft und geblutet, darum!" An dieser Tür steht unser Herr Jesus und empfängt uns mit offenen Armen. Er ist unser großer Bruder, der uns vorausgegangen ist und nun sehnsüchtig auf unsere Ankunft wartet. Er hat durch sein Opfer den Weg für uns frei gemacht, wir haben freien Zutritt. Keine Macht der Welt könnte uns nun noch den Eintritt verwehren oder streitig machen.

Aber es gibt auch die anderen Menschen, die sich gegen ein Leben mit Gott entschieden haben. Diese Menschen, die Jesus nicht in ihr Leben aufgenommen haben, gehen auch durch eine Tür, wenn sie sterben, und werden direkt an einem Ort der Qual sein. Sie wurden zwar noch nicht vor dem großen weißen Thron (Offenbarung 20,11–15) verurteilt, aber sie bleiben unter dem Zorn Gottes

(Johannes 3,36). Diese beiden Orte sind vorläufig, aber die Ziel-
richtung ist endgültig. Es gibt für Menschen, die an den Ort der
Qual kommen, keine Möglichkeit mehr, sich anders zu entscheiden. Die Entscheidung für Himmel und Hölle fällt auf der Erde
für immer und ewig.

Je mehr wir über den gegenwärtigen Himmel erfahren, desto
mehr kann es uns die Angst vor dem Tod nehmen.

In der Geschichte von dem reichen Mann und dem armen Lazarus fällt an dieser Stelle ein kleines Detail auf: Die Unterhaltung
zwischen dem reichen Mann und Abraham dreht sich zwar um
Lazarus, er selber wird aber nicht in das Gespräch oder die Kon-
frontation mit der anderen Seite einbezogen, er kann die Not des
reichen Mannes nicht sehen. Das kann ein Hinweis darauf sein,
dass wir in der Herrlichkeit bewahrt werden vor dem ständigen
Einblick in den Ort der Qual und auf die Menschen, die dort sein
müssen. Anders wäre Herrlichkeit wohl nicht vorstellbar, wenn
wir halbwegs mitfühlende Wesen bleiben.

Ein zeitlich begrenzter Himmel

Trotz aller Endgültigkeit der Entscheidung ist dieser Himmel, in
den wir direkt nach unserem Tod kommen werden, zeitlich be-
grenzt. So schön es dort auch sein mag – immerhin ist er die Wohnung Gottes –, es ist noch nicht das Endgültige, es ist noch nicht
Gottes neue Welt. Dieser gegenwärtige Himmel wird ein Ende
haben, wenn Gott einen neuen Himmel und eine neue Erde schaffen wird. Allerdings werden wir alle noch in den Genuss des jetzigen Himmels kommen, deshalb lohnt es sich, dass wir uns damit
beschäftigen. Vor allem ist es der Raum, in den wir direkt nach unserem Tod eintreten. Je mehr wir darüber erfahren, desto weniger
brauchen wir Angst vor dem Tod zu haben.

Paulus, der Apostel Jesu, scheint diese Angst nicht zu kennen, denn er sagt: „Ich sehne mich danach, zu sterben und bei Christus zu sein, denn das wäre bei Weitem das Beste" (Philipper 1,23). Paulus, der einen Blick in den dritten Himmel tun durfte und sogar dorthin entrückt wurde (2. Korinther 12,2–4), hatte Todessehnsucht. Wir wissen nicht genau, was ihm da offenbart wurde, aber er spricht davon, dass er einen Menschen kennt (womit er sich selber meint), der in den dritten Himmel entrückt wurde. Wir wissen nicht, wie diese Vision sich abgespielt hat. Wir wissen nicht, was überhaupt der dritte Himmel[3] ist (und wie viele es von der Sorte gibt), denn es ist das einzige Mal, dass die Bibel davon spricht. Sicher ist nur, dass Paulus in die Herrlichkeit Gottes schauen durfte. Deshalb war seine Todessehnsucht nicht etwa im Frust über das irdische Jammertal begründet oder weil er des Lebens überdrüssig geworden war. Er wollte nicht aufgeben, weil ihm sein Auftrag auf die Nerven ging oder die immerwährenden Anfeindungen, die Verfolgung und der stetige Ärger mit falschen Brüdern und Schwestern. Im Gegenteil, er war sich seiner Aufgabe auf der Erde voll bewusst und traf die Entscheidung, dass es wichtiger war, hier in dieser Welt zu bleiben und seinen Auftrag weiter auszuführen. Aber in den Himmel zu kommen ist eben unendlich viel schöner als das wundervollste Leben auf der Erde.

Zwischen Himmel und Erde zu wählen ist wie die Wahl zwischen einem Schloss und einer Wellblechhütte im Slum. Man muss nicht wirklich fragen, was uns lieber wäre.

Richtig ermessen kann man das nur, wenn man beides miteinander vergleichen kann. Paulus war das möglich, weil er diese Vision vom Himmel erhalten hatte. Den meisten von uns ist dieser Blick nicht vergönnt.

Aber viele Bibelstellen der Offenbarung (z. B. Kap. 1,9–20; 4–7) und manche Stellen im Alten Testament (z. B. Jesaja 6, Hesekiel 1 und 10), die uns einen Blick in den Himmel auftun, zeigen das Leben im gegenwärtigen Himmel, also an dem Ort, wo wir nach unserem Tod sein werden. Fast alle Stellen in der Offenbarung sind zeitlich vor der Erschaffung eines neuen Himmels und der neuen Erde angesiedelt (nämlich zur Zeit der letzten Jahre, bevor Jesus sichtbar wiederkommt). Deshalb haben wir eine ziemlich gute Vorstellung von dem, was uns dort erwartet, und eine Ahnung davon, dass es sich lohnt, darauf hinzufiebern.

Gott ist herrlich

Wenn wir in den Himmel eintreten, fällt der erste Blick auf Gott. Obwohl der Himmel eine unendliche Weite hat und es so viel zu bestaunen gibt, konzentriert sich doch alles auf einen Mittelpunkt, auf das „Zentrum der Geschichte". Wie ein Magnet zieht der allmächtige Gott die Aufmerksamkeit auf sich. Wer ihn sieht, der kann nicht anders, als auf die Knie zu fallen und anzubeten. Gott, in seiner Herrlichkeit, sitzt auf seinem Thron in einer gewaltigen Farbenpracht und ein Meer von Licht geht von ihm aus (Hesekiel 1,28; Offenbarung 4,3). Die schönsten Edelsteine können mit dieser Herrlichkeit nicht mithalten. Verzweifelt sucht Hesekiel (Kap. 1 und 10) nach Worten und Vergleichen, um die Herrlichkeit Gottes zu beschreiben. Er nennt die kostbarsten leuchtenden Edelsteine und die Farben des Regenbogens. Wer also bis jetzt die Vorstellung hatte, im Himmel sei alles einheitlich weiß, der muss komplett umdenken. Der Himmel ist bunt, und zwar kräftig bunt, weil von Gottes Thron alle Farben in den Himmel hineinleuchten. Gott liebt Farben und Vielfalt. Und das Licht, das von seinem Thron ausgeht, erleuchtet den ganzen Himmel. Es wäre doch auch merkwürdig, wenn der Schöpfer dieser Welt, der all die leuchtenden Farben erschaffen hat, selbst in sterilem Weiß leben würde!

Gott ist einfach herrlich anzuschauen. Wer vor den Thron Gottes tritt und ihn sieht, muss ihm huldigen. Wellen der Ergriffenheit durchlaufen den Himmel und Schauer der Erregung erfassen uns in der Gegenwart Gottes. Wir erleben es an verschiedenen Stationen, wo Johannes einen Blick in den Himmel tun darf, dass jemand Gott sieht, niederfällt und anbetet – und auf einmal stimmen alle himmlischen Wesen nacheinander ein (Offenbarung 5,8–14). Es ist wie eine Druckwelle, die jeden erfasst, der dort im Himmel ist. Es ist ein gewaltiger Lobpreis, der nichts mit irdischen Anbetungszeiten zu tun hat, weil die ganze Welt der Himmel jedes Mal mit einstimmt in das Lob Gottes. Alle gehen vor Ehrfurcht zu Boden, alle sind vereint im Hinblick auf den Einen. Es gibt in diesem Moment nichts anderes mehr. Alles tritt zurück, wenn Gott in den Fokus kommt. Jeder Lobpreis im Himmel ist überwältigend für uns, man kann sich nicht daran gewöhnen; eine ganze Ewigkeit lang wird es uns immer wieder neu erfassen, wenn wir den Vater des Lichts sehen. Gottes Herrlichkeit ist so außer-gewöhnlich, dass man sich nicht daran gewöhnen kann. Sie ist so un-fassbar, dass man sie nicht in Formeln und Begriffe fassen kann. Sie ist über-wältigend, sie entzieht sich unserem Zugriff, stattdessen ergreift sie uns. Ganz klein sind wir in der Herrlichkeit Gottes.

Gottes Gegenwart ist so majestätisch und unnahbar wie ein gewaltiger Wasserfall, aber auch so vertraut und unentbehrlich wie ein heiß geliebtes Kuscheltier.

Gleichzeitig wird es überraschend für uns sein, dass die sichtbare Gegenwart Gottes nichts Bedrohliches für uns hat. Wir sehen Gott zum ersten Mal, denn als Menschen auf der Erde könnten wir seine Herrlichkeit und Heiligkeit nicht ertragen. So treten wir im Himmel einem Fremden gegenüber. Normalerweise ist Fremdartigkeit immer auch Furcht einflößend. Wir können den anderen nicht nach den gewohnten Maßstäben einschätzen, wenn er anders ist, als wir es gewohnt sind. Dann ziehen wir uns gerne auf sicheres Terrain zurück und meiden das Fremde. Deshalb bleiben Volksgruppen lieber unter sich, deshalb haben manche von uns Berüh-

34

rungsängste mit behinderten Mitmenschen, deshalb braucht Nähe Vertrautheit. Aber in der Herrlichkeit Gottes werden wir als seine Kinder die Vertrautheit einer Blutsverwandtschaft fühlen, die unerklärlich ist. Wir werden Gott als unseren Vater erkennen und lieben. Es ist wie ein Nach-Hause-Kommen nach langer Zeit in der Fremde. Vater und Kind schließen sich in die Arme und fühlen sich so verbunden, als wären sie nie getrennt gewesen.

Auf ähnliche Weise erleben wir dies im Moment bei unserer Tochter, die ihre Ausbildung in der Ferne macht, aber ab und zu nach Hause kommt. Es ist, als wäre sie nie weg gewesen. Deshalb sprechen wir nie davon, dass sie zu Besuch kommt, sondern davon, dass sie nach Hause kommt.

Die Engel Gottes sind wunderbar

In der unmittelbaren Umgebung des Thrones Gottes befinden sich fantastische Engelwesen. Manche von ihnen können wir uns kaum vorstellen in ihrer Schönheit, manche wirken geradezu sonderbar, sosehr unterscheiden sie sich von allem, was wir kennen. Da sind die beschirmenden Cherubim, die ihre gewaltigen Flügel ausbreiten, den Thron Gottes bilden und gleichzeitig seinen Baldachin formen, wie die Nachbildung in der Stiftshütte im Alten Testament zeigt. Die Seraphim werden immer mit Feuer in Verbindung gebracht und mit dem Rauch, der daraus aufsteigt. Sie reinigen und heiligen für ihren Gott. Die vier lebendigen Wesen sind völlig einzigartig, sie tauchen immer in der unmittelbaren Gegenwart Gottes auf. Sie wirken irgendwie menschlich, haben aber vier unterschiedliche Gesichter, die in vier Richtungen zeigen. Außerdem haben sie Beine mit Hufen und Rädern, mit denen sie sich in alle Richtungen – selbst wie ein Fahrstuhl nach oben und unten – bewegen können, ohne sich umzudrehen. Im Himmel gibt es noch die sehenden Engel, die etliche Augen haben – ihnen entgeht nichts (Hesekiel 1 und 10; Offenbarung 4,6–8).

Außerdem begegnen uns immer wieder die mächtigen Gerichtsengel, die in der Offenbarung die furchtbaren Gerichte Gottes über die Erde und die Menschen vollstrecken. Und dann gibt es noch die vielen, vielen Schutzengel für uns Menschen (Psalm 34,8; Psalm 91,11). Vor allem die Engel der Kinder dürfen allezeit das Angesicht Gottes sehen, wie Jesus betont hat (Matthäus 18,10). Kinder haben für Gott eine ganz besondere Bedeutung, deshalb stehen ihre Engel in der ersten Reihe.

Nicht zuletzt sind da noch die ganz Großen in der Engelhierarchie: Gabriel, der Gottesbote, der persönlich die Geburt Jesu ankündigen durfte. Und natürlich Michael, der gegen Satan kämpfen und ihn besiegen wird. Können wir uns vorstellen, was es da zu schauen und zu staunen gibt? Es sind Millionen von Engelwesen, die Gott dienen. Auf einmal rücken wir selbst in den Fokus und werden von den wunderbaren Engeln auf Händen getragen und umsorgt.

Im Hebräerbrief (1,14) werden Engel als dienstbare Geister bezeichnet, die denen helfen, die an Jesus glauben. Vielleicht gehören Engelwesen auch jetzt schon mehr zu unserer Realität, als wir meinen. Aber weil sie unsichtbar sind, rechnen wir nicht mit ihrer Gegenwart und ihrem Dienst. Im Himmel können wir den Dienst der Engel ganz anders erkennen und würdigen.

Jesus wartet auf uns

Aber das größte Wunder ist Jesus, der strahlende Morgenstern, der König der Könige, der Beherrscher des Universums, aber auch unser Erretter, unser Freund, unser Bruder. Er wird beschrieben mit weißen Haaren und feurigen Augen, einem Körper wie aus glühendem Gold und einem Gesicht, das wie die helle Mittagssonne leuchtet (Offenbarung 1,12–16). Diese Beschreibung ist Furcht einflößend und majestätisch zugleich, und auf den ersten Blick kann man ihn als König erkennen. Dann dürfen wir ihn sehen und in seiner Gegenwart leben, endlich bei Jesus sein! Er ist unser Herr und Meister. Er ist so göttlich und herrlich und gleichzeitig so liebevoll und zärtlich. In der Offenbarung wird er als Löwe und als Lamm beschrieben. Der Löwe bezieht sich auf eine Prophetie, die Jakob seinem Sohn Juda auf dem Sterbebett mitgibt: Von seinen Nachkommen wird der Löwe aus dem Stamm Juda kommen (1. Mose 49,9-10; vgl. auch Offenbarung 5,5), also der kommende Herrscher und Messias. Das Lamm bezieht sich auf das Opfer, das Jesus gebracht hat, als er am Kreuz für unsere Sünden gestorben ist, als Lamm ist er zum Retter der Menschen geworden (Johannes 1,29). Als Herrscher des Universums wird er wiederkommen und als liebender Bräutigam, der seine Gemeinde zu sich holt. Beides ist richtig und wichtig und steht nicht im Widerspruch zueinander. Weil wir selber dann himmlische Wesen sind, werden wir nicht mehr erschrecken vor der Heiligkeit und Allmacht Jesu, sondern vor allem seine Liebe und Fürsorge empfinden. Weil wir seine Schwestern und Brüder sind, dürfen wir uns mit ihm in den Armen liegen.

> Wenn wir im Himmel angekommen sind, dürfen wir Jesus sehen und in seiner Gegenwart leben, endlich bei ihm sein!

Ich stelle mir das so vor, dass wir unsere Hände in seine Wundmale legen werden und mit ihm zusammen weinen, dass wir ihn ans Kreuz gebracht haben. Wir werden ihm endlich in vollkommener Weise für sein Opfer danken können, das er für uns gebracht hat. Wir dürfen vor ihm niederfallen und ihn wegen seiner Barmherzigkeit anbeten. Wir dürfen singen: „Würdig ist das Lamm, das geschlachtet worden ist. Es ist würdig, Macht und Reichtum entgegenzunehmen und Weisheit und Stärke und Ehre und Herrlichkeit und Lob" (Offenbarung 5,12). Wir werden bei ihm sitzen und ihm von unserem Leben erzählen, den Siegen und Niederlagen, den wunderschönen Augenblicken und den schweren Stunden. Er wird es verstehen. Er wird es heilen. Er wird seine Hand auf unsere kranke Seele legen und ihr Frieden geben. Wir werden dann verstehen, warum manches so und nicht anders sein musste. Auch ohne Erklärungen und Diskussionen wird das Aufbäumen und Kämpfen ein Ende haben. Dann wird das eigene Wollen und Ringen zur Ruhe kommen und unser Wesen völlig mit dem Willen Gottes in Gleichklang kommen. Charles Homer Gabriel beschreibt in einem Lied dieses Verlangen nach Jesus, das in uns steckt:

Wenn nach der Erde Leid, Arbeit und Pein
ich in die goldenen Gassen zieh ein,
wird nur das Schaun meines Heilands allein
Grund meiner Freude und Anbetung sein.

Das wird allein Herrlichkeit sein,
das wird allein Herrlichkeit sein,
wenn frei von Weh ich sein Angesicht seh,
wenn frei von Weh ich sein Angesicht seh.

Wenn dann die Gnade, mit der ich geliebt,
dort eine Wohnung im Himmel mir gibt,
wird doch nur Jesus und Jesus allein
Grund meiner Freude und Anbetung sein.

Dort vor dem Throne im himmlischen Land
treff ich die Freunde, die hier ich gekannt;
dennoch wird Jesus und Jesus allein
Grund meiner Freude und Anbetung sein.

Der Ankläger hat noch Zugang

Für viele Christen ist es eine bedrückende Tatsache, dass der Satan nach dem Buch Hiob (Hiob 1,6) und der Offenbarung (Offenbarung 12,7–9) im Moment immer noch Zugang zum Himmel und zum Thron Gottes hat. Man mag sich kaum vorstellen, dass ausgerechnet der Feind Gottes, der Ankläger der Brüder (Offenbarung 12,10), der brüllende Löwe, der versucht, uns zu verschlingen (1. Petrus 5,8), an diesem herrlichen Ort sein soll. Kann das wirklich noch himmlisch sein? All das Böse, das wir mit diesem gefallenen Engel verbinden, fällt uns auf einmal ein: Die Lüge, der Hass, die Bosheit, die Zerstörung, all das soll im Himmel noch Platz haben? Das kann doch wohl nicht möglich sein! Satan, der versucht, uns zu Fall zu bringen, der Menschen von Gott wegbringen will, soll sein Werk im Himmel fortsetzen dürfen?

> Jesus Christus ist der Sieger über Hölle, Tod und Teufel. Deshalb muss es im Himmel auch den Besiegten zu sehen geben. So wird der Triumph vollendet.

Aber bedrückend sollte diese Tatsache nicht für uns sein, sondern für den Teufel selber. Er hat es sich zum Ziel gesetzt, so viele Menschen wie möglich von Gott abzubringen, denn er ist der Feind Gottes. Wenn wir dann nach unserem Tod im Himmel auftauchen, wird noch einmal deutlich, dass jeder Einzelne von uns eine Niederlage für den Satan und ein Sieg für unseren Gott ist. Vor jedem von uns muss er sich zähneknirschend verbeugen, weil wir Söhne und Töchter Gottes sind. Er kann uns nichts mehr tun, denn wir sind zu Hause angekommen. Auch hier auf der Erde ist Satan schon ein besiegter Feind, aber wir merken dennoch seine Größe und Macht. Er kann uns angreifen, er versucht, uns zu Fall zu bringen, von Gott wegzuziehen. Und manchmal gelingt ihm das auch, weil wir nicht auf Jesus schauen. Aber Jesus hat den Teufel besiegt, er kann uns beschützen vor seinen Angriffen, wenn wir uns von ihm halten lassen. Keine Macht der Welt kann uns dann von Gott trennen. Es ist ein Triumphzug, wenn wir im Himmel als Sieger, als Überwinder einziehen, und zu einem Triumphzug gehören auch Besiegte. Solange der Teufel Zugang zum Himmel hat, ist er dazu gezwungen, dem Allmächtigen zu huldigen, und wir sind der Grund dafür. Wir dürfen aufrecht an ihm vorbeizie-hen und die Anerkennung auch vom Feind entgegennehmen, von einem besiegten Feind. Er kann uns nichts anhaben (Römer 8,30–34). Es ist unser Himmel und er wird dort nur zeitlich befristet geduldet.

Für Menschen, die an Jesus glauben, ist der Sieg schon vor langer Zeit errungen, als Jesus am Kreuz ausrief: „Es ist vollbracht!" Dem ist nichts hinzuzufügen.

Etwa zur Mitte der letzten sieben Jahre, bevor Jesus sichtbar wie-der auf die Erde kommt, der sogenannten großen Trübsal, wird der Satan endgültig aus dem Himmel hinausgeworfen (Offenba-rung 12,9). Das geschieht natürlich nicht friedlich. Satan wird sich wehren, weil er weiß, dass sein letztes Stündlein geschlagen hat. Deshalb kämpfen der Erzengel Michael und seine Engel gegen den Satan und seine Engel. Michael wird den ehemaligen Licht-engel, den vormals schönsten aller Engel, besiegen und aus dem Himmel hinausbefördern. Wir haben mit dieser Kampfaktion nichts zu tun, Kämpfen gehört überhaupt nicht mehr zu unseren Aufgaben. Es ist für uns wie ein großes Schauspiel, das in der himmlischen Arena ausgetragen wird. Der Ausgang steht schon von vornherein fest und ist nachzulesen in Offenbarung 12,7–12. Selbst wenn Jesus sichtbar auf die Erde wiederkommt, lesen wir nichts von Kampfhandlungen, bei denen wir noch irgendeine Rol-le spielen (Offenbarung 19,11–21). Jesus siegt für uns. Es wird nur noch eine Vernichtung aller antichristlichen Mächte sein. Satan will Krieg, aber er bekommt nur eine Niederlage.

Die Hochzeit des Lammes

Nachdem der Satan aus dem Himmel entfernt wurde und die sogenannte „Hure Babylon" auf der Erde endgültig untergegangen ist, wird im Himmel ein großes Fest gefeiert. Es ist die Hochzeit des Lammes, also die Hochzeit von Jesus, dem Sohn Gottes, und seiner Gemeinde. Rund um die Hochzeit gebraucht die Bibel verschiedene Bilder: Zum einen wird die gute Vorbereitung der Brautjungfern als Vorbild für die Christen vor Augen gestellt. Dann wieder ist der Zugang zur Hochzeitsgesellschaft nur für geladene Gäste. Und schließlich wird die Gemeinde als Braut Christi symbolisiert.

Dieses Bild ist wunderschön. Dafür muss man sich vor Augen halten, wie eine Hochzeit im Orient abläuft[4].

Eine orientalische Hochzeit wird wegen der Hitze erst am späten Abend gefeiert. Die Braut erwartet den Bräutigam in ihrem Elternhaus, damit er sie heimholt in sein Haus. Die Braut wird für dieses größte Ereignis in ihrem Leben tagelang vorbereitet. Wundervolle Kleider werden genäht, die Haare gepflegt und zu einer kunstvollen Frisur gesteckt. Finger- und Zehennägel werden bemalt, die Haut pfirsichweich gebadet und geschminkt. An diesem Tag soll die Braut perfekt sein. Kein Makel soll an ihr gefunden werden.

Mit der Braut zusammen warten die Brautjungfern auf das Kommen des Bräutigams. Sobald gemeldet wird, dass der Bräutigam mit seinem Gefolge sich dem Dorf oder dem Haus der Braut nähert, haben die Brautjungfern die Aufgabe, dem Bräutigam entgegenzugehen. Da es zwischen 18.00 und 19.00 Uhr bereits dunkel ist, müssen sie Stocklampen bei sich haben. Die Zeit der Erwartung gehört zu den spannendsten des ganzen Lebens. Sie kann sich stundenlang hinziehen. Hier lässt nicht die Braut den Bräutigam warten, sondern der Bräutigam lässt sich Zeit. Wächter stehen bereit und geben ein Signal, wenn der Zug des Bräutigams sich nähert. Beim Zeichen der Ankunft werden die verkohlten Dochtreste abgelöst und es wird aus flaschenähnlichen Krügen Öl eingegossen. Dann gehen die Brautjungfern zusammen mit der Braut dem Bräutigam entgegen, um ihn ehrenvoll zu empfangen.

Jetzt formieren die Brautführer des Bräutigams den Hochzeitszug, die Braut wird dabei in einer Sänfte getragen, umringt von ihrem künftigen Ehemann und seinem Freundeskreis. Sie muss nicht mühsam laufen, sie wird getragen und geleitet. Fortan ist sie Ehrengast auf ihrer eigenen Hochzeit. Sie musste bei der Vorbereitung nicht helfen, sie darf einfach schön aussehen und sich überraschen lassen. Musik zieht voran. Kräftiger Paukenschlag, fröhliche Hochzeitslieder erklingen aus dem Zuge, Alt und Jung sind auf den Beinen. Jeder trägt einen Myrtenzweig in der Hand, so geht es bis zum Hochzeitshaus. Nicht nur die Hochzeitsgäste ziehen mit, sondern das ganze Dorf.

Aber eingelassen werden nur die Gäste. Auf der Tafel stehen die Leuchter. Wenn der Bräutigam als Hausherr zur Eröffnung des Mahles über dem ersten Kelch das Segensgebet spricht, liegt eine Feierlichkeit über der ganzen Tischgesellschaft. Den obersten Platz nimmt der Bräutigam ein, neben ihm die Braut, dann die Verwandtschaft und die Brautjungfern. Wegen der vorgerückten Zeit wird die Haustür verschlossen, buntes Treiben und Lachen erfüllt das Haus. Nach der anfänglichen Zeremonie wird in der Regel eine ganze Woche lang gefeiert.

Die Hochzeit des Lammes ist der eigentliche Höhepunkt in dieser Zeit des gegenwärtigen Himmels. Jesus hat seine Gemeinde zu sich in den Himmel geholt. Jeder, der jemals an ihn geglaubt hat, ist dann dort, alle sind vollzählig. Der Satan wurde hinausgeworfen und hat keinen Zugang mehr. Die Tür wird verschlossen und dann beginnt das Fest. Ausgelassene Fröhlichkeit, Tränen der Freude, eine Braut, die alles überstrahlt. Ihre Schönheit und Herrlichkeit sind der eigentliche Mittelpunkt der Hochzeitsfeier. Dann werden diejenigen, die an Jesus glauben, wie die Sonne in all ihrer Pracht sein (Richter 5,31). Vergessen sind die Mühsal des irdischen Lebens, vergessen die Einschränkungen und Qualen, vergessen die Demütigungen. Dann werden sich alle Blicke staunend auf uns richten. Der Seher Johannes ist von diesem Anblick so überwältigt, dass er auf die Knie fällt, um anzubeten. Die Hochzeit des Lammes ist nicht zu überbieten. Die Braut des Lammes ist nicht zu überbieten. Jesus hat alles getan, damit wir an diesem Tag in seinem Reich heilig und tadellos vor ihm stehen. Das ist der größte Tag unserer Geschichte.

Draußen vor der Tür

Wolfgang Borchert hat ein bekanntes Theaterstück geschrieben mit dem Titel „Draußen vor der Tür". Darin geht es um eine Heimkehrersituation. Ein Soldat kommt aus der Gefangenschaft zurück, jahrelang hat er auf diesen Augenblick gewartet. Nun steht er endlich mit bebendem Herzen da und klopft an seine eigene Haustür. Er steht vor der Tür und wartet, drinnen ist seine Frau, alles fiebert in ihm auf diese erste Begegnung nach der langen Trennung. Da öffnet sich die Tür und der Heimkehrer erkennt blitzartig, dass sie gar nicht mehr auf ihn wartet. Es war ihr zu lang geworden, nun hat ein anderer seine Stelle eingenommen. Das, wofür er gekämpft, geblutet und gelitten hat, ist plötzlich nicht mehr da, sein Warten und Bangen waren vergeblich, er steht draußen vor der Tür und wird nicht eingelassen.

Das ist es, was der Jünger Johannes auch den Menschen seiner Zeit vorwirft: „Er kam in die Welt, die ihm gehört, und sein eigenes Volk nahm ihn nicht auf" (Johannes 1,11), so formuliert er es am Anfang seines Evangeliums. Der Sohn Gottes wird draußen vor den Toren der Stadt hingerichtet, abgelehnt von den Menschen, für die er gekommen ist. Jahrhundertelang hatten sie auf den Messias gewartet, auf den, der das Volk retten sollte, nun war er da, aber nur wenige waren bereit, ihn zu empfangen.

Das ist auch die Frage, die Jesus an uns heute stellt: Wollen wir ihn draußen vor der Tür stehen lassen? Warten wir noch auf ihn, wenn er wiederkommt, um seine Braut zur Hochzeit abzuholen? Sind wir zu beschäftigt, zu abgelenkt oder hat längst etwas oder jemand anderes die Stelle des Bräutigams eingenommen? Es wäre geradezu fatal, wenn wir Jesus draußen vor der Tür stehen ließen, nachdem er sich für uns ans Kreuz nageln ließ und durch die Hölle gegangen ist.

> Bei jeder Hochzeit ist der spannendste Augenblick, wenn die Braut ihr „Ja" sagt. Auch im Himmel halten alle Geschöpfe den Atem an, wenn Jesus um unsere Antwort bittet.

Was wird Jesus in Ihren Augen erkennen, wenn er wiederkommt? Ist es die reine Freude und Liebe oder hat Sie längst die Arbeit gefangen genommen, Beruf und Karriere, Familie und Wohlstand oder die Jagd nach Glück? Sind Sie so beschäftigt mit den Dingen dieser Welt, dass Sie den Bräutigam vergessen haben?

Bemerkenswert ist ein Bibelvers aus der Offenbarung, der ganz ähnlich klingt wie der Titel von Wolfgang Borchert. Vielleicht wurde Borchert dadurch inspiriert. Jesus sagt: „Siehe, ich stehe vor der Tür und klopfe an. Wenn jemand mich rufen hört und die Tür öffnet, werde ich eintreten, und wir werden miteinander essen" (Offenbarung 3,20). Jesus dringt nicht gewaltsam in unser Leben ein, er führt keinen Heiligen Krieg, um Menschen zu bekehren. Er bleibt draußen, bis er eingelassen wird. Die Frage an uns ist, ob wir ihn einlassen, auch dann, wenn er wiederkommt.

Kapitel 3

Das Leben im Himmel

Und als das Lamm das fünfte Siegel brach, sah ich unter dem Altar die Seelen aller, die getötet worden waren, weil sie am Wort Gottes und an ihrem Bekenntnis zu Christus festgehalten hatten. Mit lauter Stimme riefen sie: „Heiliger und wahrhaftiger Herr, wie lange wird es noch dauern, bis du die Menschen, die dieser Welt angehören, für das Unrecht richtest, das sie uns zugefügt haben?" Da wurde jedem von ihnen ein weißes Gewand gegeben. Und es wurde ihnen gesagt, sie sollten noch eine kleine Weile Geduld haben, denn auch unter ihren Brüdern, die wie sie Christus dienten, gibt es noch einige, die zuvor noch für ihren Glauben sterben müssen.

OFFENBARUNG 6,9–12

Da sagte er [Gott] zu mir: „Das sind diejenigen, die aus der großen Prüfung kommen. Sie haben ihre Kleider im Blut des Lammes gewaschen und weiß gemacht. Deshalb stehen sie nun vor dem Thron Gottes und dienen ihm Tag und Nacht in seinem Tempel. Und er, der auf dem Thron sitzt, wird über ihnen wohnen [sein Zelt über ihnen aufschlagen]. Sie werden nie wieder hungern oder Durst leiden, und sie werden vor der brennenden Sonne und jeder Gluthitze geschützt sein. Denn das Lamm, das in der Mitte auf dem Thron ist, wird ihr Hirte sein und für sie sorgen. Es wird sie zu den Quellen führen, aus denen das Wasser des Lebens strömt. Und Gott wird alle ihre Tränen abwischen."

OFFENBARUNG 7,14–17

Auf der eigenen Beerdigung

Aus der Zeitung „Die Welt" vom 21.01.2008:
In Chile hat sich ein angeblich Verstorbener während seiner eigenen Totenwache unter den Augen seiner Angehörigen plötzlich im Sarg aufgerichtet. Die Familienmitglieder des 81-jährigen Feliberto Carrasco in dem Dörfchen Angol waren von dessen Tod überzeugt, nachdem sie den Körper des Rentners kalt und leblos vorgefunden hatten, wie die Zeitung „Ultimas Noticias" berichtete. Sie machten sich nicht die Mühe, einen Arzt zu rufen, sondern bestellten sogleich einen Bestatter. Dieser nahm den vermeintlichen Leichnam – in seinen besten Anzug gesteckt – mit.
„Ich konnte es nicht glauben", erzählte Neffe Pedro dem Blatt von der „Auferstehung". „Ich dachte, ich hätte mich geirrt, und schloss die Augen." Doch tatsächlich schaute Carrasco ihn an. Der 81-Jährige hatte nach eigenen Angaben keinerlei Schmerzen und verlangte lediglich nach einem Glas Wasser. Die örtlichen Radiosender hatten seinen Tod bereits verkündet und mussten die Meldung zurückziehen.

Endlich einer, der seiner eigenen Beerdigung beiwohnen konnte. Die meisten von uns würde es doch interessieren, welche großen Reden geschwungen werden, wie wir vielleicht in den Himmel gelobt werden von Menschen, die uns nicht ausstehen konnten. Wie viel Gutes wird dann über uns gesagt, was wir gerne schon zu Lebzeiten gehört hätten? Wie viel Böses wird aber weiterhin hinter vorgehaltener Hand gesprochen, was wir lieber gar nicht gewusst hätten? Werden sich unsere Verwandten um das Erbe streiten? Was geschieht mit all dem, was wir aufgebaut haben, werden andere es zu schätzen wissen, vielleicht sogar weiterführen? Wahrscheinlich erleben wir nicht unsere eigene Beerdigung wie Feliberto Carrasco, aber vielleicht können wir aus dem Himmel einen Blick riskieren? Oder bekommt man dort gar nichts mehr von der irdischen Welt mit?

Das Leben nach dem Tod

Die Frage, die uns über das Leben im Himmel am meisten interessiert, ist, wie es uns dort gehen wird. Sind wir noch wir selbst? Können wir uns an unser Leben erinnern? Bekommen wir etwas von dem mit, was hier auf der Erde geschieht? Was tun wir dort? Was empfinden wir?

Antworten auf einige dieser Fragen finden wir in der Offenbarung. Mitten in den sogenannten Siegelgerichten wird der Blick auf eine besondere Menschengruppe im Himmel freigegeben. Wie ein Spotlight richtet sich die ganze Aufmerksamkeit auf diese Personen: Es sind Menschen, die an Jesus geglaubt haben und nun im Himmel sind – darin gleichen sie anderen Christen. Es sind aber auch Märtyrer, die um ihres Glaubens willen gelitten haben und verfolgt wurden. Sie halten sich abgesondert unter dem Altar auf (Offenbarung 6,9–11) und beschweren sich bei Gott, der noch nichts unternommen hat, um Gerechtigkeit herzustellen. Sie wollen, dass ihre Peiniger, ihre Mörder bestraft werden.

Diese Bibelverse deuten einige Antworten auf unsere eingangs gestellten Fragen an: Die Märtyrer haben eine klare Identität und ein Bewusstsein. Sie wissen genau, wer sie sind und was sie tun. Sie sind die gleichen Menschen wie auf der Erde. Sie können sich an ihr Leben erinnern, sie wissen von der Verfolgung, die sie erlebt haben. Sie haben Wünsche und Emotionen und reden mit Gott darüber, und zwar sehr leidenschaftlich. Und Gott hört ihnen zu, er nimmt sie ernst und gibt ihnen eine Antwort. Diese Menschen sind allerdings nicht allwissend, sonst müssten sie Gott nicht fragen. Und Gott bittet sie darum, sich noch etwas in Geduld zu üben. Ihre Rachegelüste widersprechen nicht dem Willen Gottes, aber ihr Zeitplan ist nicht Gottes Zeitplan, es ist also kein Zustand der abgeklärten Vollkommenheit, an dem sich in Ewigkeit nichts mehr ändern wird. Christen, die im Himmel sind, schweben nicht in höheren Sphären, abgehoben von allen Realitäten.

Diesen Versen nach zu urteilen ist der Himmel auch kein Zustand ohne Raum und Zeit. Die Personen befinden sich an einem konkreten Ort unter dem Altar. Sie haben wahrscheinlich einen vorübergehenden Körper, denn sie bekommen Kleider und können ihre Stimme erheben. Sie müssen sich noch eine Zeit lang gedulden, dafür müssen sie Zeit empfinden können. Diese Menschen bekommen etwas von dem mit, was auf der Erde geschieht, denn sie wissen, dass Gott sie noch nicht gerächt hat, dass ihre Peiniger noch frei herumlaufen. Sie wissen, dass das nicht gerecht ist, sie haben ein Unrechtsbewusstsein und sie warten auf die Erfüllung von Gottes Versprechen. Denn er hat gesagt, dass wir uns nicht selbst rächen, sondern ihm die Rache überlassen sollen (Römer 12,19).

> Menschen werden im Himmel keine seelenlosen Geister. Sie sind wahre Menschen mit Gedanken, Gefühlen und Erinnerungen.

Wir können diese Antworten auf unseren Zustand im Himmel übertragen, ohne dass wir deswegen Märtyrer werden müssten, denn die Eigenschaft als Märtyrer hat vor allem Einfluss auf die Situation und die Gesprächsinhalte, nicht aber auf die Daseinsform dieser Menschen. So können wir einige wichtige Erkenntnisse gewinnen: Wir sind im Himmel immer noch die gleichen Menschen wie hier auf der Erde, wir haben eine Persönlichkeit, die klar erkennbar ist. Wir haben ein Bewusstsein, wir haben Wünsche, Gedanken und Gefühle. Wir haben wahrscheinlich einen Körper. Wir können uns mit Gott unterhalten von Angesicht zu Angesicht. Er nimmt unsere Wünsche ernst und geht darauf ein. Wir verfolgen das, was auf der Erde geschieht, und wünschen uns, dass Gottes Wille geschieht. Ich kann mir vorstellen, dass wir ein besonderes Interesse an unserem früheren Umfeld haben und dafür bei Gott eintreten. Auf keinen Fall werden wir in der Herrlichkeit des Himmels die Erde vergessen oder das, was wir gewesen sind. Im Himmel gibt es keine glückselige Gleichgültigkeit, sondern getröstetes Mitfiebern. Jedes Mal, wenn ein Angehöriger den Weg zu Jesus gefunden hat, wird gefeiert. Der Himmel ist nicht einfach weit, weit weg, sondern ganz nah dran. Es ist die unsichtbare Wirklichkeit, die uns umgibt. Natürlich überfallen uns sogleich Bedenken, ob das vollkommene Freude sein kann, wenn wir das Leid auf der Erde mitbekommen und vielleicht manches, was bedrückend für uns sein muss, weil es um Menschen geht, die uns viel bedeuten. Aber der Himmel ist kein Kneifen vor der unangenehmen Realität, kein Ausweichen vor erschreckenden Tatsachen, es ist eben keine Weltflucht. Der Unterschied zur Erde ist, dass alle unsere Emotionen, unsere Sorgen, unsere Ängste direkt bei Jesus sind. Wir fühlen uns nie mehr alleingelassen. Wir sind in der Hand Gottes, wo wir alles richtig einordnen können. Das ist Trost und Geborgenheit. Das ist ein gesunder Umgang mit der Realität. Es gibt dann keine Optimisten oder Pessimisten mehr, sondern nur noch göttliche Realisten. Es gibt im Himmel nur noch Menschen, die mit Gottes Augen die Wirklichkeit beurteilen.

Von Gott verwöhnt

Einen anderen aufschlussreichen Abschnitt finden wir in Offenbarung 7,15–17. Dieser Text gibt uns darüber Auskunft, wie das Leben dort im Himmel für Menschen sein wird, die auf der Erde an Jesus geglaubt haben. Es sind drei Bereiche angesprochen, in denen Gott für uns sorgen wird.

Gott wird alle unsere körperlichen Bedürfnisse stillen. Es wird keinen Hunger und keinen Durst mehr geben, keine Verbrennungen oder Erfrierungen, keine Sorgen mehr, wie man durchkommt, wenn am Ende des Geldes noch so viel Monat übrig ist, wie die Kinder versorgt werden oder ob die Rente reicht. Es gibt keine harte Matratze mehr oder Schimmel in der Wohnung. Es gibt keine Wellblechhütten, keine überfluteten Häuser, keine Obdachlosigkeit. Wenn Gott für uns sorgt, dann geht es uns gut, dann haben wir alles, was wir brauchen, und noch viel, viel mehr. Es ist nicht so sehr das sorglose Schlaraffenland, in dem einem die Bratwürste in den Mund wachsen. Es ist viel mehr das Gefühl der Sicherheit, weil einer für uns sorgt, dem wir bedingungslos vertrauen. Es ist das Gefühl, sich an einen reich gedeckten Tisch zu setzen und zu wissen, dass Mama mein Lieblingsgericht für mich gekocht hat. Es ist ein Riesenunterschied, ob man einfach alles hat, was man zum Leben braucht (oder auch noch viel mehr), oder ob man liebevoll versorgt wird mit allem, was man braucht. Deshalb sind reiche Menschen oft gar nicht glücklicher als wesentlich ärmere – Liebe und Fürsorge kann man eben nicht kaufen.

Wer in den Himmel kommt, ohne durch Leid gegangen zu sein, der wird im Himmel auch ungetröstet bleiben. Ein riesiger Verlust!

Gott wird die Tränen von unseren Augen abwischen. Wir werden also um unser Leid wissen, das wir durchgemacht haben, aber der Trost Gottes wird überwältigend sein. Die größte Erfahrung der Ewigkeit ist der Trost Gottes. All die schweren Stunden werden wir dann noch einmal durchleben, aber so, dass unser Vater im Himmel zu unserem Leid das Gegenstück des Trostes hinzufügen wird. Nur in dieser Einheit werden wir unser Leben verstehen. Es wird keine Depressionen geben, die uns niederdrücken, keine Angst, die uns die Kehle zuschnürt, keine Sorge, die uns nicht schlafen lässt. Aber es wird ausgelassene Freude geben, die hüpft und tanzt und jeden ansteckt, der es sieht. Es gibt diese unendliche Gelassenheit von Menschen, die wissen, dass ihnen nichts passieren kann, ganz nach dem Motto: „Mit meinem Gott kann ich über Mauern springen" (Psalm 18,30). Übermut ist kein Übermut mehr, wenn wir an Gottes Hand sind. Es gibt eine tiefe Geborgenheit, die nahezu unbeschreiblich ist. Manchmal vergleicht die Bibel diese Zufriedenheit mit der eines gerade gestillten Kindes (Psalm 131,2). Aber wer kann sich daran noch erinnern oder es als erwachsener Mensch nachempfinden? Ab und zu kommt eine unserer (fast erwachsenen) Töchter noch in Mamas Bett gekrochen und lässt sich in den Schlaf kraulen; in fünf Minuten schläft sie dann selig ein. Vielleicht ist es dieses Empfinden von Geborgenheit und Liebe, das uns eine bessere Vorstellung verschafft.

Die unersättliche Sehnsucht nach Liebe, die uns hier auf der Erde von einer Verirrung in die nächste treibt, wird im Himmel gestillt werden. Wir werden uns so geliebt fühlen, wie wir es noch nie erlebt haben. Manchmal hört man die Befürchtung von Ehepartnern, die sich besonders innig lieben, dass es im Himmel keine Ehe mehr geben wird, keine körperliche Liebe zwischen Mann und Frau. Jesus sagte zu den Sadduzäern[5], dass wir im Himmel nicht mehr heiraten oder in Ehen zusammenleben, sondern (in dieser Beziehung) wie die Engel im Himmel sein werden (Markus 12,25). Ein Trost mag sein, dass die schönste Ehe, die wir auf dieser Welt haben, nur ein blasses Abbild von der Liebe zwischen Jesus und seiner Gemeinde ist, die wir erfahren werden. Gott hat uns die Ehe gegeben, damit wir eine Ahnung bekommen von dem Liebesverhältnis, das Jesus zu seinen Nachfolgern hat. So führt es Paulus im Epheserbrief aus (Epheser 5,32). So schön diese Liebe auch in einer nahezu vollkommenen Ehe sein mag, es ist nur ein schwacher Hinweis auf das, was kommt. Je inniger die Liebe unter Ehepartnern ist, desto mehr verweist sie auf ihr Vorbild von Jesus und seiner Gemeinde. Wenn wir eine wunderbare Ehe führen, können wir uns noch viel besser vorstellen, wie es im Himmel sein wird; wir müssen das irdische Glück nur mit der Ewigkeit multiplizieren. Wir werden bestimmt nichts vermissen, wenn das Vollkommene kommt.

Jede Ehe soll ein Vorgeschmack auf den Himmel sein. Wer eine nahezu perfekte Beziehung lebt, der macht anderen Menschen Appetit auf den Himmel.

Gott wird alle unsere geistlichen Bedürfnisse stillen. Die Suche nach der Erfüllung unseres Lebens hat dann ein Ende, die Sehnsucht nach Ewigkeit, die Gott in unser Herz gelegt hat (Prediger 3,11). Er führt uns an die lebendigen Wasserquellen. Wir werden immer wieder das Leben in uns aufsaugen, bis wir ganz voll davon sind und zur Ruhe kommen, bis wir wirklich befriedigt sind. Auch wenn wir zum Glauben an Jesus gekommen sind, bleibt diese Sehnsucht in unseren Herzen erhalten. Wir sind noch nicht am Ziel, wir empfinden die Unvollkommenheit, wir wünschen uns Erfüllung und Erlösung. Und manchmal kommen wir in die Gefahr, dieses Glück an anderen Orten zu suchen, statt die Spannung auszuhalten. Dann müssen wir die bittere Erfahrung machen, dass diese Welt kein vollkommenes Glück bereithält. Das gibt es nur im Himmel. Bis wir dort sind, müssen wir die Spannung aushalten. Aber dafür werden wir das Glück umso intensiver erleben. Wir werden von Gott Aufgaben bekommen, die wirklich erfüllende Arbeiten sind. Wir werden Tag und Nacht in seiner Gegenwart sein und nicht genug von ihm bekommen können. Wir dürfen ihm dienen auf eine Weise, die uns hier noch völlig unbekannt ist. Wir werden völlig darin aufgehen.

Wir können viel mehr über diesen Ort sagen, an den wir direkt nach unserem Tod kommen werden, als nur, dass unser Herr dort auf uns wartet. Aber dennoch wird es das Größte sein, wenn unser Herr und Heiland uns in seine liebenden Arme schließt, wenn seine durchbohrten Hände uns umschließen, wenn er uns selbst an unseren Ehrenplatz geleitet. Das wird allein Herrlichkeit sein!

Gemeinschaft im Himmel

Aber haben wir denn im Himmel wirklich nur mit Jesus und Gott, dem Vater, zu tun? Werden wir die Menschen vielleicht wiedererkennen, mit denen wir hier auf der Erde verbunden waren? Oder werden wir nicht einmal unseren eigenen Ehepartner, unsere Eltern oder Kinder erkennen? Ist der Himmel voller fremder Menschen oder ein vertrautes Umfeld?

> Gemeinschaft ist ein Wesensmerkmal Gottes. Deshalb werden wir auch mit anderen Himmelsmenschen Gemeinschaft haben.

Einen interessanten Hinweis auf diese Fragen finden wir in den drei ersten Evangelien (z. B. Matthäus 17,4), allerdings auch nur hier und nicht in den bekannten Endzeitstellen der Bibel. Jesus steigt mit seinen engsten Vertrauten auf einen Berg. Dort wird er in die Herrlichkeit Gottes eingetaucht, Mose und Elia erscheinen aus dem Himmel und unterhalten sich mit Jesus. Petrus ist von dieser Herrlichkeit so fasziniert, dass er vorschlägt, sich auf dem Berg häuslich niederzulassen und für Jesus, Mose und Elia jeweils eine Hütte zu bauen. Nun trugen die Anwesenden wohl keine Namensschildchen wie die Teilnehmer auf einem Kongress. Mose und Elia waren auch schon seit einigen Hundert Jahren nicht mehr unter den Lebenden. Es hat auch nicht den Anschein, als hätten sie sich persönlich vorgestellt, denn sie unterhielten sich nur mit Jesus. Petrus wusste es einfach. Es war ihm völlig klar, mit wem er es zu tun hatte. Anscheinend hatten Mose und Elia als Menschen im Himmel etwas an sich, sodass sie von jedem erkannt werden konnten. Das wird wohl nicht nur für Mose und Elia gelten. Deshalb glaube ich, dass wir im Himmel jeden Menschen kennen werden, dort gibt es keine Fremden für uns. Es gibt eine Vertrautheit unter allen „Himmelsmenschen", die wir auf der Erde nicht einmal mit guten Freunden oder der Familie hatten, weil im Himmel nichts Verborgenes mehr möglich oder nötig ist. Misstrauen, Unterstellungen, Hintergehen sind Dinge, die es im zwischenmenschlichen Bereich nicht mehr geben wird. Die Vorsicht, die uns in dieser Welt vor manchen falschen Freunden bewahrt, ist im Himmel Geschichte. Es wird keine Einsamkeit mehr geben, die wir auf der

Erde manchmal sogar mitten in einer Menge von Menschen erleben können. Auch Mobbing und all die Missverständnisse, die das zwischenmenschliche Zusammenleben so schwierig machen, gibt es nicht mehr. Vertrautheit ist etwas Wunderschönes.

Natürlich wollen wir im Himmel erst einmal unsere Freunde und Bekannten treffen. Wir werden sie finden und erkennen und Gemeinschaft haben. Vielleicht kommen sie uns schon als Empfangskomitee entgegen, liebe Menschen, mit denen wir uns verbunden fühlen und die uns vorausgegangen sind. Wir werden uns in die Arme fallen und herzlich begrüßen. Vielleicht führen sie uns überall herum und zeigen uns die Herrlichkeit des Himmels. Aber dann möchten wir sicher auch mit anderen interessanten Menschen Gemeinschaft haben, auf alle Fälle mit Petrus und Johannes, aber vielleicht lassen wir uns von Elia den feurigen Wagen zeigen und drehen eine Runde durch den Himmel darauf. Ich würde gerne mal mit Hiob sprechen, ihm meine Bewunderung aussprechen. Es gibt viele bekannte und unbekannte Persönlichkeiten in der Geschichte, die viel zu erzählen haben: zum Beispiel die Frauen, die im Rhône-Delta zur Zeit der Hugenottenverfolgung in einem Turm viele Jahrzehnte eingesperrt waren, um ihren Glauben zu brechen; oder Jim Elliot, der von den Auca-Indianern in Ecuador getötet wurde; Mathilda Wrede, die sich als Engel der Gefangenen einen Namen gemacht hat. All diese Menschen sind keine Fremden mehr, obwohl sie lange vor uns gelebt haben. Menschen aus der ganzen Welt sind dann unsere Vertrauten. Die Bibel betont ausdrücklich, dass die Gemeinde Jesu aus allen Stämmen, Völkern und Nationen kommt. Das wird ein bunter Haufen, wenn all die verschiedenen Kulturen aufeinandertreffen. Wie viel können wir da voneinander lernen! „Wie habt ihr das in China gemacht? Wie feiert ihr Eskimos Gottesdienst?" Es gibt noch so viel, was wir schon immer mal fragen wollten.

Gibt es Gewissheit, dass man in den Himmel kommt?

Wenn Sie heute plötzlich sterben würden, wissen Sie genau, wo Sie sein werden? Angesichts der Bedeutung, die dieser Frage zukommt, sollten wir darauf eine Antwort haben. Jeder von uns weiß, wie schnell das Leben zu Ende sein kann, deshalb duldet die Beantwortung keinen Aufschub. Manchmal geht das Sterben über Jahre und man kann sich ausführlich mit diesem Thema beschäftigen. Aber manchmal ist das Leben auch von einer Sekunde auf die andere zu Ende und es gibt keine Möglichkeit mehr, wichtige Angelegenheiten zu klären. Wir müssen darauf vorbereitet sein, zu jeder Zeit.

Jesus sagt, dass alle, die ihn in ihr Leben aufnehmen, Gottes Kinder sind (Johannes 1,12), zu seiner Familie gehören und einmal bei ihm sein werden. Wir lesen in der Bibel, dass niemand, der von Neuem geboren ist, in das Gericht über alle Menschen kommt. Er hat schon das neue Leben, das niemals endet (Johannes 3,15–18). Jesus wurde an seiner Stelle für alles bestraft, was ihn von Gott trennt. Der Heilige Geist, der in uns wohnt, ist der Garant dafür, dass Gott uns für immer zu sich nehmen wird.

Der Heilige Geist gibt uns die Gewissheit, dass wir Gottes Kinder sind. Deshalb können wir sicher sein, dass Gott uns angenommen und errettet hat.

Und trotzdem gibt es Zeiten in unserem Leben, in denen wir nicht mehr so voller Überzeugung antworten können: „Ja, ich weiß, wenn ich heute sterbe, bin ich im Himmel!" Es gibt Zeiten, in denen wir uns von Gott entfernt haben, in denen wir uns unserer selbst nicht mehr sicher sind. Es gibt Zeiten des Zweifels, wo wir alles, was wir glauben, infrage stellen. Es gibt Zeiten, wo wir keine Kraft mehr haben, um zu glauben, zu beten, Gewissheit zu haben. Es gibt Zeiten, wo jede Sicherheit schwindet. Ist dann der Heilige Geist nicht mehr da, der Gewissheit schenkt? Sind wir tatsächlich von Gott und der Welt verlassen? Oder ist die fehlende Gewissheit sogar ein Indiz dafür, dass wir nicht in den Himmel kommen?

Wenn wir genau in die Bibel hineinschauen, werden wir entdecken, dass der Heilige Geist nicht die Gewissheit schenkt, dass wir in den Himmel kommen. Das ist eine Zusage Gottes, die wir glauben müssen und an der wir zweifeln können. Der Heilige Geist schenkt die Gewissheit, dass wir Gottes Kinder sind (Römer 8,16). Die Zusagen der Erbschaft des Reiches Gottes und der Verherrlichung im Himmel sind Schlussfolgerungen daraus (Römer 8,17). Ich habe nie einen Christen erlebt, der nicht mehr sagen konnte: „Ich weiß, dass ich ein Kind Gottes bin!" Meist kommt danach das große Aber: „... ob er mich noch liebt, ...ob ich treu genug bin, ... ob es reicht." Wir sind uns unserer selbst nicht sicher. Und manchmal sind diese Selbstzweifel besser als die Überheblichkeit mancher Menschen, die sich für so toll halten, dass sie meinen, Gott könne sie gar nicht draußen stehen lassen.

Unser Glaube ist angefochten und damit auch die Hoffnung, in den Himmel zu kommen. Aber ob wir in den Himmel kommen, hängt nicht von der Größe unseres Glaubens ab, sondern von der Treue Gottes. Er wird keines seiner Kinder verloren gehen lassen. Deshalb kommt es nicht darauf an, ob Sie heute die Gewissheit haben, in den Himmel zu kommen, sondern ob Sie ein Kind Gottes sind, ob Sie es für sich persönlich annehmen, dass Jesus für Ihre Sünden gestorben ist. Es ist nicht einmal von Bedeutung, ob Sie ihn lieb haben können, sondern ob er Sie lieb hat. Und das hat er! Dann gilt Ihnen die Zusage:

Kann uns noch irgendetwas von der Liebe Christi trennen? Ich bin überzeugt: Nichts kann uns von seiner Liebe trennen. Weder Tod noch Leben, weder Engel noch Mächte, weder unsere Ängste in der Gegenwart noch unsere Sorgen um die Zukunft, ja nicht einmal die Mächte der Hölle können uns von der Liebe Gottes trennen. Und wären wir hoch über dem Himmel oder befänden uns in den tiefsten Tiefen des Ozeans, nichts und niemand in der ganzen Schöpfung kann uns von der Liebe Gottes trennen, die in Christus Jesus, unserem Herrn, erschienen ist.

RÖMER 8,35.38–39

Kapitel 4

Das große Ereignis –
die Entrückung

Ich kann euch dies mit einem Wort des Herrn sagen: Wir, die noch leben, wenn der Herr wiederkommt, werden nicht vor den Toten zu ihm kommen. Denn der Herr selbst wird mit einem lauten Befehl, unter dem Ruf des Erzengels und dem Schall der Posaune Gottes vom Himmel herabkommen. Dann werden zuerst alle Gläubigen, die schon gestorben sind, aus ihren Gräbern auferstehen. Und mit ihnen zusammen werden auch wir Übrigen, die noch auf der Erde leben, auf den Wolken hinaufgehoben werden in die Luft, um dem Herrn zu begegnen und in Ewigkeit bei ihm zu bleiben.

1. THESSALONICHER 4,15–17

So wie der Tod durch einen Menschen – Adam – in die Welt kam, hat nun durch einen anderen Menschen – Christus – die Auferstehung von den Toten begonnen. Die Menschen sterben, weil alle mit Adam verwandt sind. Ebenso werden durch Christus alle lebendig gemacht und neues Leben empfangen. Es gibt aber eine Reihenfolge: Christus zuerst, und wenn er wiederkommt, dann die, die zu ihm gehören. Danach wird das Ende kommen, wenn er Gott, seinem Vater, das Reich übergeben wird, nachdem er alle seine Feinde vernichtet hat. Denn Christus muss herrschen, bis er alle seine Feinde unter seine Füße erniedrigt hat. Als letzter Feind wird der Tod vernichtet werden.

1. KORINTHER 15,21–26

Das Ende der Welt

Es war ein fürchterliches Krachen und Tosen, als das Unwetter losbrach. Eine unserer Pflegetöchter war gerade wieder einmal zu Besuch und ich brachte sie mit dem Auto nach Hause, als es anfing. Blitze zuckten über den Himmel, ein Donner nach dem anderen krachte direkt um uns herum und es hatte sintflutartiger Regen eingesetzt. Sie bekam schreckliche Angst vor dem Gewitter und es war kein Trost, dass es im Auto bei Blitzschlag sicher ist. Sie wunderte sich nur, dass ich so gut gelaunt war, denn sie fürchtete, dass nun die Welt unterginge. Und ich meinte: „Das wäre doch toll! Dann kommt doch erst das Schönste!" Sie schaute mich einen Moment entgeistert an und meinte dann: „Ich glaube, du bist der einzige Mensch auf der Welt, der sich auf den Weltuntergang freut!"

Christen sind Menschen, die im Weltuntergang noch etwas Positives sehen. Sie freuen sich auf das, was danach kommt.

Sterben zu müssen ist für die meisten Menschen eine erschreckende Vorstellung. Das Ende der Welt ist demnach ein potenziertes Erschrecken, weil alle Dinge, wie wir sie kennen, enden werden. Aber Jesus sagt zu seinen Jüngern: „Wenn all das anfängt [er spricht vom Ende der Welt], dann richtet euch auf und hebt den Blick, denn eure Erlösung ist ganz nahe!" (Lukas 21,28). Für Menschen, die an Jesus glauben, ist das Ende der Welt der Anfang von etwas noch Schönerem und Größerem. Für sie bedeutet das Ende der Welt die vollständige Erlösung.

Das große Ereignis

Auf alle, die an Jesus glauben, wartet ein riesengroßes Event. Jeder von ihnen kann schon gespannt darauf warten. Denn als Erstes kommt nicht das Ende der Welt, sondern die Entrückung, sozusagen die Himmelfahrt der Leute, die zu Jesus gehören. Im Himmel wird sie ganz groß erwartet. Paulus spricht davon, dass dann die letzte Posaune ertönt, die wie eine Fanfare die große Heimholungsaktion Gottes einleitet (1. Thessalonicher 4,16). Die gewaltige Stimme des Erzengels erklingt durch den ganzen Himmel. Milliarden himmlischer Wesen horchen auf und jubeln dann, wenn Jesus, unser Herr, sich aufmacht, uns entgegenzugehen. Vielleicht können wir uns das so vorstellen wie bei der orientalischen Hochzeit, wenn sich der Bräutigam aufmacht, die Braut abzuholen, und tatsächlich holt Jesus ja seine „Brautgemeinde" zu sich. Der ganze Himmel ist in Aufruhr. Alle sind aufgekratzt. Endlich ist der große Tag da, auf den sie gespannt gewartet haben, aber von dem niemand wusste, wann er genau kommt. Im Himmel beginnen dann die Hochzeitsvorbereitungen für die Rückkehr von Braut und Bräutigam. Ich bin gespannt, wie eine festliche Dekoration im Himmel wohl aussieht.

Auf der Erde wird man relativ wenig davon mitbekommen. Es ist eine Geheimaktion Gottes. Wie ein Flüstern, ein leises Tuscheln geht etwas Gewaltiges heimlich über die Bühne. Auf einmal werden überall auf der Welt Menschen verschwinden (Matthäus 24,40–41): arme und reiche Menschen, bedeutende Persönlichkeiten und unscheinbare Leute, kluge und einfache, gesunde und kranke Menschen aus allen Rassen, Sprachen und Nationen. Auf einmal werden sie einfach nicht mehr da sein. Aber natürlich wird man die Auswirkungen spüren, wenn Leute von der Arbeit verschwinden, Maschinen und vielleicht Flugzeuge oder Lokomotiven führerlos sind, wenn Fluglotsen ausfallen oder Politiker während einer Rede verschwinden, wenn man morgens aufwacht und das Bett nebenan leer ist.

Am schlimmsten wird es aber für diejenigen sein, die zurückgelassen werden: für Ehepartner, Familienangehörige, Arbeitskollegen, die von allem gewusst haben, aber nur ein müdes Lächeln übrig hatten. Auf einmal gibt es ein jähes Erwachen und Menschen stehen vor der bitteren Erkenntnis, dass es zu spät ist für eine Entscheidung, dass der angeblich fromme Spinner doch recht gehabt hat. Das ist frustrierend, aber es gibt keine Möglichkeit, das Band noch einmal zurückzuspulen und den Gang der Geschichte zu ändern, die eigene Entscheidung zu überdenken.

Manch einem, der an Jesus glaubt, bereitet dieser Gedankengang sicherlich Sorgen: „Was ist dann mit meinem Ehepartner, mit meinen Freunden? Was ist mit den Menschen, für die ich verantwortlich bin, wenn Jesus mich abholt? Kann ich das wirklich alles hinter mir lassen?" Diese zwiespältigen Gefühle sind völlig normal und können die Freude auf die Wiederkunft Jesu empfindlich dämpfen. Ich kann diesem Abschnitt leider nicht die Brisanz nehmen und die Ängste mit einem jovialen „Alles wird gut!" unter den Teppich kehren. Aber vielleicht können diese Sorge und unsere Ängste Motivation sein, die verbleibende Zeit intensiv zu nutzen. Heute ist der Tag, an dem noch eine Entscheidung möglich ist, heute ist der Tag, an dem wir noch jemanden gewinnen können, heute können wir die Hände falten und jemanden in unser Gebet einschließen, der uns am Herzen liegt. Was morgen ist, das wissen wir nicht.

Niemand wird auf diesen Moment vorbereitet sein, niemand hat eine kleine Vorahnung (Matthäus 24,36). Wir werden alle überrascht sein. Manche werden aus dem Schlaf entrückt, andere aus der Arbeit, manche aus der Liebe oder aus einem Hobby. Niemand, der an Jesus geglaubt hat, wird zurückgelassen. Manchmal treibt uns aber diese Angst um: „Bin ich bereit? Lebe ich konsequent genug? Was ist, wenn ich in diesem Moment gerade sündige?"

Ein Freund von mir litt unter dieser Angst. Als Jugendlicher wollte er gerne ins Kino gehen, aber das war in frommen Kreisen damals als „weltlich" verschrien und somit nicht für einen Christen geeignet. Schließlich konnte er seinen Jugendleiter überreden, mitzukommen. Die ganze Zeit während des Films klammerte er sich an ihm fest, nicht weil der Film so spannend war, sondern wegen der Entrückung. Er wusste, wenn Jesus jetzt wiederkäme, würde er den Jugendleiter auf alle Fälle mitnehmen, dafür käme Jesus sogar ins Kino, und er könnte sich dann an ihn klammern. Heute ist mein Freund selbst Evangelist und geht auch schon allein ins Kino, vielleicht klammert sich jetzt mancher an ihm fest.

Wahrscheinlich haben wir keine Bedenken mehr, wenn wir ins Kino gehen, aber die Zweifel, ob wir vollkommen genug leben, wenn Jesus wiederkommt, beschäftigen uns doch auch.

Die richtige Vorbereitung

Vor Kurzem haben wir auf ein wichtiges Päckchen gewartet. Am Sonntagvormittag kam dann der Paketdienst vorbei, als wir im Gottesdienst waren. Also lag eine Karte im Briefkasten, dass der Zusteller am Montag noch einmal vorbeikommen werde. Wir haben unseren ganzen Tagesablauf darauf eingestellt. Immer war jemand zu Hause, Termine wurden verschoben, jemand an der Klingel postiert. Es wurde Nachmittag, es wurde Abend, kein Päckchen war gekommen. Am Dienstag musste alles wieder seinen normalen Gang gehen. Hatten wir den Paketdienst vielleicht verpasst? Claudia wollte schon anrufen und die Sendung zurückverfolgen lassen. Aber am Mittwoch stand der Herr wieder vor der Tür und lieferte das Päckchen völlig problemlos ab.

> Ein Leben, das für Jesus gelebt wird, ist keine Verschwendung, sondern eine gute Investition. Alles andere ist Verschwendung.

Wenn man es doch nur wüsste, wann Jesus wiederkommt – wenigstens die Woche! Wenn doch die Daten der Endzeitpropheten wenigstens ungefähr stimmen würden, dann hätte man schon einen Anhaltspunkt. Für eine Woche könnte man sich mal zusammenreißen und so leben, dass man gute Chancen hätte, mitgenommen zu werden, wenn Jesus seine Leute holt – vielleicht auch einen Monat. Aber ein ganzes Leben lang immer brav sein? 70, 80 Jahre sich keinen Ausrutscher leisten, wer soll das schaffen? Und ist das überhaupt die richtige Einstellung?

Natürlich gehen wir davon aus, dass Jesus noch zu unseren Lebzeiten kommt. Aber nicht einmal dafür gibt es eine Garantie! Da hat man sich vielleicht das ganze Leben lang zusammengerissen und ein einigermaßen passables Leben hingelegt und stirbt dann sanft und friedlich im Alter von 100 Jahren. Was für eine Verschwendung, oder?

So denken viele Kinder in der Schule auch: „Jetzt habe ich einmal meine Hausaufgaben gemacht, und der Lehrer hat gar nicht kontrolliert! Ist doch echt ärgerlich! Wofür mache ich überhaupt noch Hausaufgaben?" Bei Kindern klingt es irgendwie kindisch. Aber wir tun genau das Gleiche. Wir sind der Meinung, das Leben als Christ sei dazu da, sich im richtigen Augenblick angemessen zu verhalten, und verstehen gar nicht, dass Gott durch seinen Heiligen Geist in uns wohnt. Er ist immer dabei. Wir können Gott nicht austricksen, indem wir zur richtigen Zeit gerade mal das Richtige tun, denn er ist ja sowieso immer bei uns! Außerdem: Es kann doch nicht verkehrt sein, immer für Gott zu leben. Das ist mit Sicherheit kein vergebliches Leben, im Gegenteil! Das ist erfülltes Leben, das Jesus uns schenken möchte.

Schließlich ist die Entrückung keine Prüfungssituation. Wir müssen Gott nicht beweisen, was wir für tolle Kerle sind und wie sehr wir es verdient haben, mitgenommen zu werden. Wenn wir in den Bus einsteigen, müssen wir dem Fahrer auch nicht erst beweisen, dass wir es wert sind, mitzufahren. Wir brauchen eine gültige Fahrkarte, und das ist alles. Wer die Fahrkarte in den Himmel hat, der ist bei der Entrückung dabei. Und diese Karte besitze ich, wenn ich Jesus in mein Leben aufgenommen habe und mit ihm lebe. Schluss, Punkt, fertig! Die ganze Erziehungsarbeit Gottes, die Bewertung unseres Lebens steht auf einem anderen Blatt und wird deshalb auch in diesem Buch an anderer Stelle behandelt. Die

Entrückung ist keine Gerichtsverhandlung, hier wird noch niemand bewertet, das kommt erst später. Wer zu Jesus gehört, der wird mitgenommen, egal wie er sich in dem Moment fühlt, egal was er gerade tut, egal mit wie viel Schrecken er an diesen Augenblick gedacht hat. Wir werden nicht gerettet, weil wir so toll sind, so geistlich, so perfekt oder weil wir uns so gut verhalten haben. Wir werden gerettet, weil Jesus für unsere Sünden gestorben ist. Das gilt bei der Bekehrung genauso wie bei der Entrückung.

> Wer sich nicht auf das Opfer Jesu verlässt, sondern auf die eigene Leistung, der hat in jeder Situation auf das falsche Pferd gesetzt.

Die Verwandlung

Die Entrückung ist Auferstehung und Himmelfahrt in einem (1. Korinther 15,21–25). Das ist der Tag, an dem die Erlösung vollkommen wird. Jetzt sind wir immer noch unvollständig. Wir sind erlöst, aber es fehlt noch jede Menge himmlischer Qualität. Paulus sagt, dass wir auf Hoffnung erlöst sind (Römer 8,24). Wir warten noch auf die Vollständigkeit. Wenn wir mit diesem Körper in den Himmel müssten, wäre das eine ziemlich unvollkommene Angelegenheit. All die Gebrechen und Einschränkungen, die uns plagen, müssten wir eine Ewigkeit lang mit uns herumtragen. Das würde keiner aushalten. Aber ohne Körper wäre es auch nicht vollkommen. Es würde etwas ganz Entscheidendes fehlen. Gott hat einen ganzen Menschen geschaffen mit Körper, Seele und Geist. Himmlisch ist es deshalb nur, wenn der ganze Mensch neu gemacht wird.

Es gibt für alle Menschen, die an Jesus glauben, nur diesen einen Zeitpunkt für die Verwandlung. Es ist auch völlig gleichgültig, ob wir dann schon lange gestorben und im Himmel bei Gott sein werden wie Petrus und Johannes, oder ob wir noch am Leben sind wie vielleicht einige von uns (1. Thessalonicher 4,15–17).

Die Neuschöpfung wird die Sache eines Augenblickes sein. Schon bei dieser sogenannten Entrückung werden wir alle unseren neuen Körper bekommen, sodass wir vollständig erlöst und neu gemacht sind, wenn wir unserem Herrn Jesus in der Luft begegnen und dann mit ihm zusammen in den Himmel gehen.

Gott will neue Menschen aus uns machen, dazu gehören nicht nur die „Innereien" wie Seele und Geist. Ein neuer Körper muss auch sein.

Es wird also Menschen geben, die niemals sterben müssen, die direkt verwandelt werden. Nach Paulus ist das der Königsweg, um in den Himmel zu kommen. Es ist schöner, direkt verwandelt zu werden als erst durch das Tor des Todes gehen zu müssen, denn der Tod ist ein Feind. Jesus sagt, wenn wir sehen, dass sich die Zeichen der Zeit erfüllen, dann dürfen wir unser Haupt erheben, weil sich unsere Erlösung nähert. Dann haben wir gute Chancen, den Königsweg zu beschreiten.

Die Zeichen der Zeit

Woran können wir denn nun erkennen, ob Jesus schon bald wiederkommt? Jesus nennt einige Zeichen, an denen man seine Wiederkunft ablesen kann (vgl. Matthäus 24,4–14):

- Die Verführung durch falsche Heilsbringer: Diese Entwicklung hat in den letzten 20 Jahren einen Höhepunkt erreicht. Die Wiederentdeckung von heidnischen Riten, von mystischen Vorstellungen, von indianischer Spiritualität, vermischt mit gut etablierten fernöstlichen Glaubensinhalten, hat zu bunten Patchworkreligionen geführt, die mit dem christlichen Glauben nicht das Geringste zu tun haben. Viele suchen heute wieder ihr Heil, aber die wenigsten bei Christus.

- Umfangreiche Kriegsberichterstattung: Das Hören von Kriegen und Kriegsgerüchten hat nicht nur etwas mit der Zunahme von bewaffneten Konflikten zu tun, sondern vor allem mit der verstärkten Information über das Kriegsgeschehen. Das ist erst mit dem Medienzeitalter möglich geworden. Heute wird den ganzen Tag auf jedem Sender über einen aktuellen Konflikt berichtet, während das jahrelange Sterben in länger andauernden Kriegen manchmal völlig in Vergessenheit gerät.

- Die Zunahme von Hungersnöten und Erdbeben: Trotz aller humanitären Bemühungen und Errungenschaften der Zivilisation nimmt das Elend durch Hunger und Seuchen auf dieser Welt zu. Es könnte jeder Mensch auf dieser Welt genug zu essen haben, die meisten Seuchen könnten ausgerottet werden, aber der Mensch ist des Menschen Feind.

- Weltweite Christenverfolgung: Fast überall auf der Welt werden Christen verfolgt, aber auch in der sogenannten freien Welt wird die Luft für überzeugte Nachfolger Jesu dünner. Wer heute über die Hölle als Realität spricht, wer biblische Werte noch für gültig hält, wer behauptet, nur über Jesus führte der Weg zu Gott, der wird oft schon als Radikaler bezeichnet.

- Abfall vom Glauben: In solchen schwierigen Zeiten gehen auch viele Christen den scheinbar leichteren Weg der Kompromisse und der „unsichtbaren Frömmigkeit", die keine Spuren im Leben hinterlässt, weder im eigenen noch in dem anderer. Die Verleumdung, das bösartige Geschwätz und die Hetze nehmen selbst innerhalb der

Gemeinde zu. Das ist unsere Lebensrealität. Das ist ein Grund für den großen Exodus aus etablierten Gemeinden.

• Predigt des Evangeliums bis an die Enden der Welt: Immer wieder wird betont, wie groß der Auftrag in der Weltmission noch ist, und dem möchte ich (als ehemaliger Missionar) aus ganzem Herzen zustimmen, aber Tatsache ist auch, dass es nur noch wenige weiße Flecken auf dieser Erde gibt, wo die Menschen noch nie von Jesus gehört haben.

Allerdings nennt Paulus in seinem Brief an die Thessalonicher (2. Thessalonicher 2,3) noch ein weiteres Kriterium: Bevor Jesus wiederkommt, muss der Antichristus erkennbar sein. Er ist der Mann, der sich selbst in den Tempel Gottes setzt und göttlich verehren lässt. Er wagt es sogar, gegen Gott Krieg zu führen, und scheitert kläglich, wenn Jesus ihn mit dem Hauch seines Mundes besiegt.

Niemand weiß, wann Jesus wiederkommt, um seine Nachfolger zu sich zu nehmen, aber Jesus sagt uns, dass wir in jedem Augenblick damit rechnen sollen. Wir dürfen jetzt schon unser Haupt erheben und uns auf das freuen, was kommt.

Kapitel 5

Das Wunder
der Auferstehung –
ein neuer Körper

*Genauso verhält es sich mit der Auferstehung der To-
ten. Unsere irdischen Körper sterben und verwesen,
doch bei der Auferstehung werden sie unvergänglich
sein und nicht mehr sterben. Jetzt sind unsere Körper
nicht perfekt, aber wenn sie auferstehen werden, werden
sie voller Herrlichkeit sein. Jetzt sind sie schwach, dann
aber voller Kraft. Jetzt sind es natürliche menschliche
Körper, aber wenn sie auferstehen, werden es geistliche
Körper sein. Denn so wie es irdische Körper gibt, so gibt
es auch geistliche. In den Schriften steht auch: „Der erste Mensch – Adam – wurde lebendig." Der letzte Adam
aber – also Christus – ist ein Geist, der lebendig macht.
Zuerst kam der irdische Körper; dann der geistliche.
Der erste Mensch, Adam, wurde aus dem Staub der
Erde geschaffen, der zweite Mensch, Christus, ist vom
Himmel. Jeder Mensch hat einen irdischen Körper wie
Adam; unser himmlischer Körper aber wird sein wie
der Körper von Christus. So wie wir jetzt dem irdischen
Menschen, Adam, gleichen, so entsprechen wir eines Ta-
ges dem himmlischen Menschen, Christus.*

1. KORINTHER 15,42–49

*Er nahm unsere Krankheiten auf sich und trug unse-
re Schmerzen. Und wir dachten, er wäre von Gott geächtet, geschlagen und erniedrigt! Doch wegen unserer
Vergehen wurde er durchbohrt, wegen unserer Übertre-
tungen zerschlagen. Er wurde gestraft, damit wir Frieden haben. Durch seine Wunden wurden wir geheilt!*

JESAJA 53,4–5

Metamorphose

Die Regenwürmer hatten einen Kongress über die neuesten Methoden des Grabens. „Wir sind schon recht tief in die Erde eingedrungen", sagte der Präsident des Kongresses der Regenwürmer. „Wir haben viele Erdschichten an die Oberfläche befördert, von denen niemand vorher etwas wusste. Aber die Erde scheint noch tiefer zu sein, als wir dachten. Wir müssen weiter überall herumkriechen und Erde essen. Es ist eine große Aufgabe."

Mitten in den Diskussionen und Beratungen stieß ein junger Regenwurm plötzlich auf einen stillen, fremden Gast mit Haaren. „Verzeihen Sie, ich war so müde. Da habe ich mich einfach hierher gesetzt", sagte das Etwas mit Haaren. „Ich bin Raupe von Beruf. Und ich bin so sehr müde, sterbensmüde." Der ganze Kongress der Regenwürmer kroch teilnahmsvoll heran. „Sie müssen sich stärken", sagte ein alter Regenwurm freundlich. „Sie müssen etwas Erde zu sich nehmen." – „Nein, danke", sagte die Raupe, „ich bin zum Essen zu müde. Mir ist überhaupt so sonderbar. Ich will nicht mehr auf der Erde kriechen." – „Aber ich bitte Sie", sagte der Präsident des Kongresses, „das ist das Leben, dass man auf der Erde kriecht und Erde isst. Wenn man das nicht mehr kann, stirbt man." Aber die Raupe antwortete nicht mehr, sie war zu müde. Aus ihr heraus jedoch zogen sich feine Fäden und spannen den verstaubten, sterbensmüden Körper ein. „Das ist ja eine schreckliche Krankheit", sagten die Regenwürmer.

Es vergingen einige Wochen. Endlich in der Frühe eines Morgens regte sich das versponnene Ding. Ein kleiner bunter Falter kam heraus und seine Flügel wuchsen im Sonnenlicht. Sie wurden stark und farbenfroh. Da breitete der Falter die Schwingen aus und flog weit über der Erde ins Sonnenlicht hinein. Die Glockenblumen läuteten und unten im Staub tagte der Kongress der Regenwürmer. Man hatte die leere Hülle gefunden und alle Kapazitäten waren zusammengekrochen. „Es ist nur ein Mantel", sagte die erste Kapazität enttäuscht. „Die Krankheit ist allein zurückgeblieben", sagte die zweite Kapazität. „Der Mantel ist eben die Krankheit", sagte die dritte Kapazität. „Nun ist es ganz tot", sagten alle Regenwürmer. Hoch über ihren blinden Köpfen gaukelte der Falter in der blauen, sonnigen Luft[6].

Der Körper als Gefängnis der Seele?

Der Körper ist das Gefängnis der Seele! So behauptete es der griechische Philosoph Platon. Und noch heute sind viele Menschen der Meinung, dass unser Körper ein Hindernis für die freie Entfaltung des Geistes ist. Deshalb soll das Sterben dann die Befreiung der Seele sein. Auch in manchen christlichen Entartungen führte diese Sichtweise zur Selbstkasteiung, zur Bestrafung des Körpers, zur Askese, um den Einfluss des Körpers so weit wie möglich zurückzudrängen. Manche Gruppierungen dachten, es sei völlig egal, was ich mit dem Körper tue (z. B. sündigen), Hauptsache, der Geist wird nicht beschmutzt. Christliche Mystiker, wie Meister Eckhart oder Leo Tolstoi, waren der Meinung, der menschliche Geist gehe beim Sterben in den göttlichen Geist ein und in ihm auf.

Aber diese Vorstellungen sind keine Vorstellungen, die mit der Bibel übereinstimmen. Auch wenn Paulus von einem Kampf zwischen Fleisch und Geist spricht (Römer 7,8–25), ist mit Fleisch nicht der materielle Körper gemeint, sondern unser gottfeindliches Wesen, das im Streit liegt mit dem Wirken des Heiligen Geistes. Der Körper ist der Tempel des Heiligen Geistes. Gott nimmt seine Wohnung in uns und nicht umgekehrt.

In einer Gemeinde herrschte furchtbare Aufregung. Die Jugendlichen hatten ein Anspiel im Gemeindehaus aufgeführt. Sie spielten eine Fußballmannschaft und hatten standesgemäß auch eine Kiste Bier auf der Bühne. Aus den Flaschen tranken sie fleißig Apfel-

74

saft, den sie extra in die Bierflaschen umgefüllt hatten. Es waren ganz brave Jugendliche, die niemanden provozieren wollten. Die älteren Gemeindeglieder beschwerten sich aber, dass so das Haus Gottes entweiht werde. Zu Hause tranken sie alle mehr oder weniger Alkohol, aber in der Gemeinde durfte das nicht sein. Ich habe versucht, den Beteiligten klarzumachen, dass nicht das Gemeindehaus die Wohnung Gottes ist, sondern unser eigener Körper. Das, was wir mit unserem Leib tun, kann die Wohnung Gottes entweihen, ein Gemeindehaus kann man höchstens zweckentfremden, was hier aber gar nicht der Fall war.

Gott hat uns als Wesen mit Körper, Seele und Geist geschaffen. Das Wesen der ganzen Schöpfung ist Körperlichkeit, man könnte sogar von Sinnlichkeit sprechen. Und das Ende aller Dinge ist Körperlichkeit. Dabei geht es nicht um verschwommene Formen und durchsichtige, gespenstische Gestalten, sondern um Materie. Die Vollendung unserer Erlösung ist ein neuer Körper, und wenn wir den nicht bekommen, sind wir nicht erlöst. Übrigens sagt Paulus im 1. Korintherbrief, dass sogar der Himmel und die himmlischen Wesen Körper haben, dass also die Welt über uns eine dingliche Welt ist, auch wenn sie im Moment für uns unsichtbar ist (1. Korinther 15,40).

Wenn Gott unseren Körper als Tempel des Heiligen Geistes adelt, sollten wir ihn auch wie einen Tempel behandeln. Ein Tempel ist heilig!

Unser Körper ist also nicht das Gefängnis der Seele, sondern ihr Zuhause. Wenn wir keinen Körper mehr haben, sind wir obdachlos, dann hat unsere Seele keinen Ort mehr, wo sie wohnen kann. Das ist nicht der Wille Gottes. Ohne neuen Körper sind wir nicht vollständig erlöst und warten immer noch auf Vollkommenheit (Römer 8,23).

Das unterscheidet den christlichen Glauben auch von allen fernöstlichen religiösen Konzepten, die unter Erlösung verstehen, dass die menschliche Seele völlig im Nichts oder in der göttlichen Seele aufgeht und dabei keine eigene Identität oder Form mehr hat. Der christliche Glaube ist nicht körperfeindlich, sondern zutiefst materiell und körperbewusst. Der Körper steht auf der christlichen Werteskala auf gleicher Stufe mit Seele und Geist, wenn wir von dieser Dreiteilung ausgehen wollen. Der Mensch hat nicht nur eine unsterbliche Seele, sondern bekommt auch einen unsterblichen Körper.

Der Zusammenhang zwischen neuem und altem Körper

Deshalb wird jeder Christ bei der Entrückung einen neuen Körper bekommen. Ganz gleich, ob er schon gestorben ist, Paulus spricht dann davon, dass wir von unserem alten Körper „entkleidet" werden, oder ob wir bei der Wiederkunft Jesu noch am Leben sind, dann spricht Paulus vom „Überziehen" des neuen Körpers. Ein neuartiger Leib ist die Voraussetzung, um in den Himmel zu kommen. Dort gibt es keine irdischen Körper mehr, sondern nur noch himmlische, die zu ihrer neuen Umgebung passen. Wie müssen wir uns das vorstellen? Woraus soll der neue Körper bestehen?

Der neue Körper, den wir bei unserer Auferstehung bekommen, ist von seinem grundsätzlichen Aufbau wie der alte Körper. Er ist sichtbar. Wir haben Arme, Beine und einen Kopf. Wir haben Augen, Mund und Nase. Wir sind berührbar, also fest, aus Materie. Wir werden uns selbst ähnlich sehen, man kann uns wiedererkennen.

Der Auferstehungsleib ist keine fremde Hülle, in die wir erst hineinwachsen müssen. Er ist vertraut wie ein Mantel, den wir oft getragen haben.

Antworten auf die obigen Fragen können wir finden, weil schon einmal jemand mit diesem neuen Körper auf der Erde gelebt hat, nämlich Jesus nach seiner Auferstehung. Hier könnte man einwenden, dass dies der Körper war, den Jesus für das Leben auf der Erde bis zur Himmelfahrt hatte. Im Himmel wird Jesus zwar mit menschlicher Gestalt, aber doch viel herrlicher und majestätischer beschrieben (Offenbarung 1,13–16). Ich glaube nicht, dass Jesus im Himmel noch einen zweiten neuen Körper bekommen hat, sondern eine andere Erscheinungsweise des gleichen Leibes sichtbar wird. Beides sind Facetten des Auferstehungsleibes. Diese Facetten werden auch bei unserem Auferstehungskörper erkennbar sein. In diesem Abschnitt geht es allerdings zunächst um die Ähnlichkeit zu unserem jetzigen Körper, die Göttlichkeit des neuen Leibes wird weiter unten beschrieben.

Jesus hatte nach seiner Auferstehung den neuen Körper bekommen und die Bibel spricht davon, dass wir ihm gleichgestaltet sein werden (1. Korinther 15,49). Er konnte essen und trinken, laufen und sitzen, reden und hören. Man konnte ihn als Menschen erkennen, er hatte sogar die typischen Merkmale seines Todes (Verletzungen/Narben an den Händen und Füßen und der Seite, die sogenannten „Stigmata") noch an sich und konnte dadurch identifiziert werden. Man konnte ihn berühren, Gemeinschaft mit ihm haben, seine Nähe spüren. Alle, die ihm unterwegs begegneten, hielten ihn für einen normalen Menschen, sie wären nie auf die Idee gekommen, dass er ein Außerirdischer, oder besser ein Überirdischer, gewesen wäre. Die Menschen, die ihn kannten, konnten ihn nicht immer sofort erkennen, zum Teil wurden ihnen die Augen verschlossen (z. B. den Emmausjüngern), zum Teil vermuteten sie ihn nicht unter den Lebenden (wie z. B. Maria). Aber sie hielten ihn für einen normalen Wanderer, den Gärtner oder sonst irgendeinen Menschen, bis Jesus sich zu erkennen gab. Dann allerdings konnten sie ihn auch als Jesus erkennen und wunderten sich, dass sie es nicht früher gemerkt hatten.

Der neue Körper wird also keine völlig fremde Behausung für uns sein. Er ist uns vertraut, wir wissen, wie wir damit umgehen müssen.

Alter und Geschlecht des neuen Körpers

Eine Frage, über die sich viele Theologen den Kopf zerbrochen haben, ist die Frage nach dem Alter, das der neue Körper dann haben wird. Eigentlich ist es eher die Frage nach dem Aussehen, nach der Wirkung, die wir auf andere haben, denn ein Körper, der ewig lebt, hat sicher keine Anzeichen, die auf sein tatsächliches Alter schließen lassen. Laut Randy Alcorn, Pastor und Autor zahlreicher christlicher Bücher, war man im Mittelalter der Ansicht, dass 30 Jahre das ideale Alter ist und dass im Himmel alle Menschen aussehen, als wären sie 30 Jahre alt (für Frauen gilt natürlich 29). Der irische Schriftsteller und Literaturwissenschaftler C. S. Lewis vertrat den Standpunkt, dass wir im Himmel gar kein sichtbares Alter mehr haben werden. Es gibt ja hier schon manchmal Menschen, die scheinbar kein Alter haben, die immer gleich jung oder gleich alt aussehen.

Randy Alcorn vertritt außerdem die Meinung, dass wir nach der Auferstehung ein relatives Alter haben. Das bedeutet, dass ich meine Kinder immer als jünger sehen werde und sie mich als älter. Die Auferstehung Jesu ist zur Klärung dieser Frage keine Hilfe, weil er mit 33 Jahren gestorben ist. Sicherlich wird es nicht so sein, dass wir einfach das Alter ewig beibehalten, das wir bei unserem Tod gehabt haben, dass also Menschen, die als Kinder gestorben sind, für immer Kinder bleiben und andere, die als Greise gestorben sind, für immer alt bleiben. Alterung ist eben auch relativ. Aus all diesem schließe ich, dass wir an unserem neuen Körper kein sichtbares Alter mehr haben werden und vor allem keine Alterung mehr.

Manche Männer sind ja der Meinung, dass wir im Himmel alle männlich sein werden. Ich fände das schade! Frauen sind doch eindeutig die schöneren Menschen. Die Bibel sagt auch nur, dass wir im Himmel nicht mehr heiraten werden, aber nicht, dass die Geschlechter aufgehoben sind (Lukas 20,35–36). Wir werden zwar Söhne Gottes sein, aber dieser Begriff wird für alle Kinder gebraucht, egal ob männlich oder weiblich. Gott hat uns als Mann und Frau geschaffen, das war kein Versehen und erst recht keine Folge des Sündenfalls. Das war von Anfang an so geplant und ist eine geniale Ergänzung, deshalb wird das auch in Ewigkeit so bleiben. Adam war ohne Eva nur ein halber Mann, ihm fehlte etwas ganz Entscheidendes. Er war begeistert, als er es endlich gefunden hatte. Auch wir sind doch, trotz aller Unterschiedlichkeit, auf einen Menschen angewiesen, der uns ergänzt. Ergänzung ist ein großes Kennwort der Herrlichkeit Gottes, deshalb wird der Himmel so bunt und vielfältig sein.

Nix verstehn!

Wir Männer werden endlich die Frauen wirklich verstehen können. Das ist eines der großen Wunder im Himmel: Frauen verstehen zu können. Wie oft haben wir uns das hier gewünscht, aber es ist eben ein frommer Wunsch geblieben. Im Himmel wird das endlich anders werden. Als Mann bin ich natürlich der Meinung: Männer sind sowieso einfacher gestrickt, die kann man schon auf der Erde leichter verstehen. Aber die Kommunikation unter uns Menschen ist durch den Sündenfall nachhaltig gestört. Selbst wenn wir die gleiche Sprache sprechen, besteht unser Verstehen vor allem aus Missverständnissen. Die Sprachenverwirrung beim Turmbau zu Babel in 1. Mose 11 ist meines Erachtens nicht nur auf die unterschiedlichen Sprachen der Menschheit zu beziehen, sondern ist eine Störung der Kommunikation insgesamt. Kaum hat einer etwas gesagt oder manchmal auch nicht gesagt, hat der andere schon das Gefühl: Der will mir was oder der meint etwas ganz anderes. Und besonders die Unterschiedlichkeit zwischen Mann und Frau führt zu solchen Missverständnissen. Überlegen Sie nur mal, wie Sie als Mann auf die Frage Ihrer Frau antworten: „Bin ich zu dick?" Was auch immer Sie sagen, es führt in die Katastrophe!

Der Heilige Geist hebt die kommunikative Störung bei Christen teilweise wieder auf. An Pfingsten konnten alle die aramäisch sprechenden Jünger verstehen, obwohl die Zuhörer aus ganz verschiedenen Ländern kamen. Sie hörten sie in ihrer eigenen Sprache reden. In 1. Korinther 14,3 wird die Gabe der Weissagung als „Kommunikationsgabe" definiert: Wer prophetisch redet, der kann durch die Kraft des Heiligen Geistes trösten, ermutigen und aufbauen, was sonst nahezu unmöglich ist. Echter Trost, ermutigende Worte oder Gesten, Gemeinschaft, die uns aufbaut, sind sehr selten, aber durch den Geist Gottes möglich, und wir dürfen ihn darum bitten.

Mutmacher sind Menschen, die vom Heiligen Geist gebraucht werden. Sie bringen ein Stück vom Himmel auf die Erde.

Nach dem Studium der Theologie kam ich in eine Gemeinde, die durch das Janz-Team entstanden war. Erfahrene Evangelisten und gestandene Missionare hörten meiner Predigt zu, und ich war gerade 25 Jahre alt. Da war mir manchmal etwas mulmig zumute, wenn ich auf die Kanzel stieg. Aber wenn mein Blick auf einen Mann fiel, der mir zulächelte und eifrig bestätigend nickte bei dem, was ich sagte, fühlte ich mich gleich besser. Das war eine gelungene Ermutigung!

Wenn wir all diese Gedanken zusammenfassen, können wir uns schon ein sehr viel besseres Bild vom Himmel ausmalen. Dort wird das Verständnis zwischen uns Menschen vollkommen möglich sein, die Unterschiede zwischen den Geschlechtern sind dann nur noch Ergänzung und nicht mehr trennend. Es ist kaum vorstellbar, wie wundervoll das sein wird, wenn jemand etwas sagt und der andere genau das versteht, was gemeint war, wenn wir immer genau das sagen, was dem anderen hilft und ihn weiterbringt, wenn Kommunikation immer wie eine kühlende Salbe auf einem Insektenstich ist. Es sind dann keine ausgeklügelten Verträge mehr nötig, bei denen um jedes Wort gerungen wird. Provokation und Entwürdigung gibt es nicht mehr. Jedes Wort dient der echten und klaren Verständigung.

Was soll ich anziehen?

Der eine oder die andere mag sich die Frage stellen, wie es mit Kleidung und Schuhen im Himmel aussieht. Manch eine Frau möchte vielleicht gar nicht in den Himmel, wenn es dort keine Schuhe gibt. Neulich habe ich von einer Frau gehört, die 40 000 Paar Designerschuhe ihr Eigen nennt. Sie muss also täglich mehrfach die Schuhe wechseln, um überhaupt alle einmal tragen zu können. Und sie war noch nicht fertig mit Sammeln.

Einige Ausleger verweisen darauf, dass es wieder so sein könnte wie im Paradies. Bei der Schöpfung wurden Adam und Eva nackt erschaffen, sie hatten keine Scham. Erst später, nach dem Sündenfall, machte Gott ihnen Kleider, um ihre Scham zu bedecken. Interessanterweise beschreibt die Bibel Menschen im Himmel aber immer mit Kleidern. Diese haben zwar oft eine symbolische Bedeutung, trotzdem ist das für mich ein Hinweis, dass Kleider als selbstverständlich vorausgesetzt werden. Manche Ausleger meinen sogar, dass die Menschen ohne den Sündenfall nie Kleidung gehabt hätten. Ich glaube aber, dass der Wunsch nach Mode und Schmuck in der Schöpfungskraft und dem ästhetischen Empfinden der Menschen begründet ist und nicht nur der Scham geschuldet. Rein zweckmäßige Kleidung sieht anders aus!

Der neue Körper ist göttlich

Es ist schon eine tolle Sache, wenn der alte Körper durch einen neuwertigen, aber nicht wirklich andersartigen Körper ersetzt wird. Doch das ist noch längst nicht alles. Deshalb betont Paulus auch, dass dieser neue Körper, bei aller Ähnlichkeit zum alten Körper, doch etwas völlig anderes ist. Im Autobau kennen wir einen Prototyp, der von Hand gefertigt wird und dem dann die Serienfahrzeuge nachgebildet werden. Die Prototypen für uns natürliche Menschen waren Adam und Eva. Im Prinzip haben alle Menschen seitdem den gleichen Aufbau (mit einer gewissen Variationsbreite). Der Prototyp für unseren neuen Körper ist Gott selbst bzw. sein Sohn Jesus Christus. Paulus sagt: „So wie wir jetzt dem irdischen Menschen, Adam, gleichen, so entsprechen wir eines Tages dem himmlischen Menschen, Christus" (1. Korinther 15,49).

Wahrer Gott und wahrer Mensch, das war Jesus Christus. Jeder, der nach seinem Bild gestaltet ist, wird etwas von beidem in sich tragen.

Heute kann man die Vaterschaft über einen Gentest nachweisen, es reicht nicht mehr festzustellen, dass jemand ganz wie der Herr Papa aussieht. Die Gleichheit eines Teiles des Erbmaterials gibt letzte Sicherheit. Wenn wir als Kinder Gottes wiedergeboren werden, dann gehört dazu in letzter Konsequenz, dass wir auch einen göttlichen oder, wie Paulus sagt, himmlischen Körper bekommen. Erst dann sind wir vollständig. Wir bleiben in gewisser Weise Menschenkinder, aber wir sind gleichzeitig Gotteskinder. Beide Naturen kommen in uns zusammen. Deshalb sind wir im Himmel unserem menschlichen Dasein so ähnlich und haben doch göttliche Fähigkeiten. Vielleicht kann man es sich so vorstellen, dass sich die menschliche und die göttliche DNA miteinander verbinden – vorausgesetzt, dass Gott eine DNA hat.

Das fängt schon damit an, dass wir Gottes unsichtbare Realität auf einmal wahrnehmen können. Wir können dann Gott sehen und seine Engel, seine himmlische Herrlichkeit. Die unsichtbare Welt, die uns umgibt, ist uns nicht mehr verborgen.

Der Prophet Elisa befand sich in einer Situation, in der die Stadt, in der er sich aufhielt, von feindlichen Einheiten umzingelt war. Sein Knecht wollte schon vor Furcht verzagen und aufgeben, deshalb betete Elisa für ihn, dass er die unsichtbare Realität Gottes wahrnehmen könne. Und auf einmal sah der Knecht das Heer Gottes, das viel größer und mächtiger war als die Feinde (2. Könige 6,17).

Welche unsichtbaren Realitäten mögen uns wohl ständig umgeben, die wir jetzt noch nicht wahrnehmen können? Wie viele Ängste müssen wir ganz umsonst durchstehen, weil uns dieser Blick auf Gottes Welt verstellt ist? Was wird sich für uns ändern, wenn wir vom Glauben zum Schauen durchgedrungen sind? Manchmal verändert dieser Blick alles!

> Nur wer die unsichtbare Realität Gottes wahrnehmen kann, wird ein echter Realist sein.

Mit unserem neuen Körper sind wir zwar fest und berührbar. Aber genauso können wir durch verschlossene Türen und Wände gehen. Wir können verschwinden und erscheinen, uns ohne Hilfsmittel an einen anderen Ort versetzen. Dies widerspricht durchaus nicht der materiellen Struktur, wie wir heute wissen. Es ist nur die Beherrschung der Naturgesetze. (Bei Raumschiff Enterprise brauchte man dafür noch einen Beamer.) Schon der in der Apostelgeschichte erwähnte, neu gewählte Sozialarbeiter, Philippus, lernte diese Fortbewegungsweise kennen. Es wird berichtet, dass er vom Heiligen Geist aus Samaria mitten in die Wüste geschickt wird, um dort dem Finanzminister von Äthiopien zu begegnen. Danach wird er vom Heiligen Geist entrückt und findet sich in Aschdod wieder. Er war einfach vor den Augen des Finanzministers verschwunden, der sich gar nicht groß darüber wunderte (Apostelgeschichte 8,39–40). Im Himmel wird das die normale Fortbewegungsart sein: Menschen verschwinden und tauchen an allen möglichen Orten wieder auf.

Sicherlich können wir auch ohne Hilfsmittel fliegen und uns auf jede erdenkliche Art fortbewegen. Vielleicht möchten wir aber lieber auf einem Engel gleiten oder mit dem Wind um die Ecke pfeifen. Wie langweilig werden uns dann Sportwagen oder Flugzeuge vorkommen?! Wir können nach dem Essen einen Spaziergang auf dem Wasser machen, vielleicht auf den eigenen Füßen Wellen reiten, Speedboote überholen wir von rechts. Wir können Bungee-Jumping ohne Seil erleben, und das auch mehr als einmal, weil wir uns dabei nicht verletzen. (Bitte erst mit dem neuen Körper ausprobieren!) Das Märchen von den Sieben-Meilen-Stiefeln können wir dann in der Realität nachspielen.

Uns stehen im Himmel übernatürliche, göttliche Kräfte zur Verfügung, die wir dann sinnvoll einsetzen werden. Jetzt könnte Gott uns das noch nicht anvertrauen, weil wir damit auf dumme Gedanken kämen. Aber Gottes Schöpfungskraft liegt uns im Blut, und wenn wir die Möglichkeiten bekommen, werden wir wunderbare Dinge tun können. Wir sind Gottes Kinder und werden ihm ähnlich sein. Wir werden in unseren Fähigkeiten sicherlich nicht alle gleich sein, wir werden nicht allmächtig sein, auch wenn wir das göttliche Wesen in uns tragen. Eher sind unsere Fähigkeiten auf Ergänzung angelegt wie hier auf der Erde auch schon, aber dort wird es wirklich funktionieren. Mit den Fähigkeiten aller Gottesmenschen zusammen lässt sich Gewaltiges bewegen. An dieser Stelle geht es nur um die Möglichkeiten des neuen Körpers – was dann tatsächlich unser Auftrag sein wird, steht an anderer Stelle in diesem Buch.

Wir können im Himmel nicht mehr sterben, weil Gott nicht sterben kann. Wir können nicht sündigen, weil Gott nicht sündigen kann. Dieser neue Körper hat keine Krankheiten und keine Schmerzen, er hat keine Fehler. Jede Behinderung, jede Einschränkung ist dann aufgehoben. Es ist ein Körper, der sich unendlich erneuern und regenerieren lässt. Das ist sicher etwas, das wir uns am besten vorstellen können, wenn wir all unsere körperlichen Leiden und Einschränkungen sehen, wenn wir die Mühen des Alters empfinden. Unsere alten Geschwister werden ihre Gehhilfen wegwerfen und herumspringen wie die Kälbchen. (Manchmal stelle ich mir das im Seniorenkreis vor.) Unsere Brillen sind nur noch Dekoration, Hörgeräte völlig überflüssig. Rollstühle kann man für Seifenkistenrennen einsetzen. Das ist die endgültige Erfüllung des Wortes aus dem Buch des Propheten Jesaja: „Er nahm unsere Krankheiten auf sich und trug unsere Schmerzen. Und wir dachten, er wäre von Gott geächtet, geschlagen und erniedrigt!" (Jesaja 53,4). Die seelischen Erkrankungen, die unsere Persönlichkeit verändern, die uns zu anderen Menschen machen, sind dann Schnee von gestern. Wie sich der Phönix aus der Asche erhebt, so schütteln Menschen Depressionen und traumatische Belastungen ab und erheben sich zu neuer Kraft und Schönheit, die Lebensfreude sprüht aus jeder Geste. Das, was Pillen und Therapien nicht bewirken können, das schafft die Kraft der Auferstehung in einem Augenblick.

> Wie sich der Phönix aus der Asche erhebt, so schütteln Menschen Depressionen und traumatische Belastungen ab und erheben sich zu neuer Kraft und Schönheit.

Dieser neue Körper trägt eine ungeheure Herrlichkeit an sich, die Herrlichkeit Gottes. Johannes will sogar vor einem solchen Menschen im Himmel niederfallen und ihn anbeten (Offenbarung 19,10), weil er ihm so göttlich vorkommt. Das wird sicherlich das Schönste sein, wenn uns in jedem Menschen die Herrlichkeit Gottes entgegenstrahlt. Bei aller Originalität wird jeder Mensch deshalb eine wundervolle Schönheit an sich tragen, vielleicht nicht die Schönheit einer Barbiepuppe, aber die Ausstrahlung Gottes. Sogar hier auf der Erde empfinden wir doch manchmal schon, dass die Supermodels irgendwie langweilig sind und weniger schöne Menschen sehr anziehend sein können. Gottes Schöpferwille ist immer auf Schönheit ausgelegt, deshalb wird es im Himmel keine hässlichen oder entstellten Menschen mehr geben, aber vielleicht sehr originelle. Ich kann mir vorstellen, dass wir im Himmel in den Spiegel schauen und schmunzeln müssen, weil wir uns einfach sympathisch finden. Es ist dann eine wundervolle, originelle Schönheit.

Im Himmel werden wir nicht allwissend sein, aber unser Wissen und die Erkenntnis werden fortwährend zunehmen. Wir werden nicht allmächtig sein, aber unsere Fähigkeiten wachsen in der Praxis und ergänzen sich mit anderen Kindern Gottes. Wir werden nicht allgegenwärtig sein, aber sehr beweglich und präsent. Wir werden nicht Gott sein, aber doch göttlich, weil Gott sein Wesen mit uns teilt.

Der richtige Name

Viele Christen beschäftigt die Frage, wie wir im Himmel heißen werden. Haben wir noch unseren irdischen Namen? Wie kommen wir mit den unaussprechlichen Namen aus anderen Erdteilen zurecht? Kann man sich alle Namen merken oder geht es im Himmel zu wie manchmal auf der Erde: „Hey, du da, reichst du mir mal die Butter? Ja, du mit der Nase im Gesicht!" Einige von uns würden ihren Namen gerne behalten, andere möchten ihn am liebsten ganz schnell loswerden.

Im Himmel gibt es für jeden von uns einen neuen Namen, eine Verheißung, die über unserem Leben steht.

Im Himmel gibt es einen neuen Namen für jeden von uns. Allerdings ist das der Nachname. Nach Offenbarung 3,12 und 14,1

86

wird Gottes Name auf unserer Stirn geschrieben sein. Wir gehören zu Gottes Familie und dürfen seinen Namen tragen. Deshalb werden Menschen, die im Buch des Lebens stehen, auch nicht das Zeichen des Antichristen auf die Stirn oder die rechte Hand bekommen, sie werden ihre Knie nicht vor ihm beugen und ihn anbeten (Offenbarung 13,8). Die Besitzverhältnisse sind hier schon geklärt. Wir gehören zu Gott und wir können keinem anderen gehören. Der Satan hat keine Möglichkeit, uns das zu rauben. Wir sind geschützt.

Dennoch lesen wir in Offenbarung 2,17, dass die Überwinder, die in den Himmel eingehen, dazu noch einen persönlichen neuen Namen bekommen. Er ist auf einen weißen Stein geschrieben und nur dem Empfänger bekannt. In der biblischen Welt sind Namen nicht nur Schall und Rauch und die Namensgebung nicht nur eine Frage der Ästhetik. Namen haben eine Bedeutung, sie sind mit Ereignissen, Wünschen oder prophetischen Aussagen verbunden. Der Name sagt etwas über die Person. Deshalb ist dieser neue Name kein Rufname wie Kevin oder Lisa, es ist eher ein Titel, der uns verliehen wird. Gott gibt uns einen neuen Namen, der etwas über uns aussagt, über unser neues Wesen, über die Verheißung, die über unserem Leben steht. Dieser neue Name steht wie ein Motto über unserer neuen himmlischen Existenz.

Kapitel 6

Das Paradies auf Erden

"Sieh! Ich schaffe einen neuen Himmel und eine neue Erde – kein Mensch wird noch an das Vergangene denken, niemand wird es sich zu Herzen nehmen. Freut euch vielmehr; freut euch für immer und ewig an dem, was ich zu Stande bringen werde: Denn ich will Jerusalem zu einer Stätte des Glücks und seine Bewohner zu einer Quelle der Freude verwandeln. Ich selbst werde mich an Jerusalem freuen und über mein Volk fröhlich sein und der Klang von Weinen und Klagen soll dort nicht mehr zu hören sein. Es wird keine Kinder mehr geben, die nur wenige Tage alt werden und keine Alten, die nicht ein erfülltes Leben gelebt haben. Die jüngsten werden mit 100 sterben! Und wer die 100 nicht erreicht, wird als verflucht gelten. Dann leben die Menschen in den Häusern, die sie erbaut haben und essen die Früchte der Weinberge, die sie gepflanzt haben. Sie werden nicht mehr bauen und ein anderer wohnt darin. Sie werden nicht mehr pflanzen und ein anderer isst. Denn mein Volk wird so lange leben wie die Bäume, und meine Erwählten werden das genießen, was sie erarbeitet haben. Sie werden sich nicht vergeblich abmühen und keine Kinder gebären, die gleich danach sterben, denn es sind Kinder von Menschen, die der Herr gesegnet hat und deren Babys Anteil am Segen Gottes haben. Noch bevor sie rufen, werde ich ihnen antworten. Während sie mir noch ihre Bitten vortragen, will ich sie schon erhören! Der Wolf und das Lamm werden zusammen weiden. Der Löwe wird Stroh fressen wie das Rind. Schlangen werden sich von Staub ernähren. Auf meinem ganzen heiligen Berg wird nichts Böses und nichts Unheilvolles mehr getan", spricht der Herr.

Jesaja 65,17–25

Im Schlaraffenland

Es war herrlich! Ich lag auf dem Rücken, über mir stand ein riesiger Nudelbaum und die Nudeln wuchsen mir, frisch gekocht, direkt in den Mund. Warmes, gebratenes Fleisch kam angeflogen und verschwand zwischen meinen Zähnen. Der Wein, ein edler Tropfen, plätscherte gut gekühlt in dem Bach neben mir. Das Leben, wie es sein sollte! Keine Sorgen, keine Probleme, keine Arbeit, immer nur essen und faulenzen, nur Sonne, keine Schattenseiten. Ich war im Schlaraffenland.

Aber dann sollte ich aufstehen, denn meine Frau hatte gerufen: „Matthias, aufstehen!" Rufende Ehefrauen müsste man noch aus dem Schlaraffenland verbannen, das passt einfach nicht zusammen! Mühsam versuchte ich den Oberkörper anzuheben, es ging nicht. Ich blickte auf meinen kugelrunden Bauch, der weit in die Höhe ragte, und merkte nun, dass ich so vollgefressen war, dass ich nie mehr würde aufstehen können. Und dann rollte ich auch noch auf die Seite und direkt in den Bach voller Wein hinein.

Mühsam rappelte ich mich noch etwas benommen und ziemlich durchnässt auf. Ich war aus dem Bett gefallen und Claudia hatte mich doch tatsächlich nass gespritzt, damit ich endlich aufstehe. Eigentlich war ich froh darüber, denn nun wusste ich, dass alles nur ein Albtraum gewesen war.

Es ist mir bis heute unvorstellbar, warum manche Leute das Schlaraffenland als besonders erstrebenswert betrachten können. Das ist doch der langweiligste Ort, den man sich vorstellen kann! Immer nur essen und faulenzen?

Himmel auf Erden?

Zum Glück ist die neue Erde, die Gott erschaffen wird, ein ganz anderes Kaliber. Es wird der interessanteste und spannendste Ort sein, an dem wir jemals gelebt haben. Allerdings ist die neue Erde auch nicht einfach nur der Himmel auf Erden. Der Wohnsitz Gottes wird der Erde zwar sehr nahekommen, dennoch bestehen auch nach der Neuschöpfung wesentliche qualitative Unterschiede zwischen Himmel und Erde, so wie jetzt ja auch schon. Wir müssen immer noch an eine echte Erde denken, wenn wir den biblischen Realitäten gerecht werden wollen.

Wer in die Schöpfung schaut, wird etwas über den Schöpfer erfahren. Wer den Schöpfer kennenlernt, kann sich die neue Schöpfung besser vorstellen.

Über die neue Schöpfung können wir am besten etwas sagen, wenn wir deren Schöpfer besser kennenlernen. Deshalb wollen wir zuerst in die Geheimnisse unserer Welt eintauchen und die Größe ihres Schöpfers ergründen.

Wunder der alten Schöpfung

Es war Albert Einstein, der uns gezeigt hat, dass nicht nur der Raum, sondern auch die Zeit relativ ist. Nehmen wir zum Beispiel an, einem Brautpaar wäre eine ganz außergewöhnliche Hochzeitsreise geschenkt worden: Sie dürften für ein Jahr den Weltraum bereisen. Ihr Raumschiff hat die Fähigkeit, nahezu Lichtgeschwindigkeit zu erreichen. Kaum fliegen sie Höchstgeschwindigkeit, wird alle Materie kleiner, das Raumschiff, der Mann, die Frau, selbst die Ringe an den Fingern (es ist schon eine merkwürdige Vorstellung, dass wir auf einmal schrumpfen können wie Wäsche, die zu heiß gewaschen wurde, ohne dabei kaputtzugehen), denn die Größe von Objekten ist relativ zur Geschwindigkeit: je schneller, desto kleiner. Natürlich merken die beiden die Schrumpfung nicht, da ja alles gleichmäßig kleiner wird. Selbst das Maßband, mit dem man die Größe der Objekte messen könnte, ist geschrumpft. Wenn wir also das Urmeter aus Paris mitgegeben hätten, dann wäre es zum ersten Mal keinen Meter mehr lang.

Die Uhr läuft für die Insassen des Raumschiffs ganz normal. In Wirklichkeit läuft sie jedoch hundertmal langsamer als auf der Erde. Mit zunehmender Geschwindigkeit wird die Zeit nämlich langsamer (was eigentlich paradox ist, wenn man es zu Ende denkt). Je schneller sie fliegen, desto mehr vergeht die Zeit nur noch im Zeitlupentempo. Nach einem Jahr landet das Ehepaar wieder wohlbehalten auf der Erde. Sie haben ein Jahr lang wundervolle Flitterwochen mit unvergesslichen Eindrücken erlebt. Doch wie staunen sie jetzt. Auf der Erde sind einhundert Jahre vergangen. Von den Hochzeitsgästen lebt keiner mehr, auch deren Kinder sind schon gestorben. Sie können nur noch die Enkel ihrer Hochzeitsgäste besuchen und sind selbst nur ein Jahr älter geworden. Wenn diese Zusammenhänge von den Menschen mit Jugendwahn entdeckt werden, dann wird der Weltraum überbevölkert.

Übertragen wir das Prinzip auf die Entfernung von Sternen, dann wird es noch ein wenig komplexer. Normalerweise wird diese Entfernung in Lichtjahren angegeben, also in der Zeit, die das Licht von einem Stern bis zur Erde braucht. Wenn aber die Zeit relativ zur Geschwindigkeit ist, muss man dann nicht annehmen, dass das Licht in Wirklichkeit nur ein Hundertstel der angegebenen Zeit braucht? Dann wäre die Entfernung auch nur einen Bruchteil so groß. Sind diese Sterne vielleicht gar nicht so weit entfernt, wie wir annehmen? Wenn wir dann noch von einer Krümmung im Raum ausgehen, also einer vierten Dimension (was die Physiker tun), dann könnte man doch diese Krümmung für die Messung auch noch abkürzen und zu einer wesentlich kleineren Distanz kommen, oder? Vielleicht liegen die weit entfernten Galaxien in Wirklichkeit fast nebenan – rein hypothetisch natürlich. Wenn man wüsste, wie, dann könnte man ganz schnell da sein.

Wenn sich Ihr Kopf jetzt so anfühlt, als hätte man einen Schwarm Fliegen darin losgelassen, dann befinden Sie sich in bester Gesellschaft. Wenn ich solche interessanten Dinge höre, dann wird mir ein bisschen schwindelig, denn dann wird mir auf einmal klar, wie wenig ich von Gottes großartiger Schöpfung wirklich verstehe. Ich sehe ein paar Bäume und Blumen, ein paar Fische und Vögel, große Tiere und Insekten, Berge und Täler, Flüsse und Meere und staune schon über Gottes Größe und Macht. Dabei ist das nur ein Bruchteil der tatsächlichen, geschaffenen Realität. Wenn unser Verstand nur ein kleines bisschen größer wäre, dann hätten wir noch viel mehr Grund zu staunen.

Aber selbst bei den sichtbaren Dingen gibt es noch viele Überraschungen. Da meint man, schon alles zu wissen, und auf einmal entdecken Forscher in der Tiefsee viele Hundert neue Arten. Wir erfahren, dass viele Insektenarten noch gar nicht erforscht sind, einfach nur, weil es zu viele sind und unsere Wissenschaftler nicht hinterherkommen. Und wir werden die Entdeckung machen, dass viele Geheimnisse dieser Welt sich mit unseren Möglichkeiten einfach nicht erklären lassen.

> Wer einen Blick auf die Größe Gottes werfen durfte, der wird demütig und anbetend vor dem Allmächtigen niederfallen.

Die Schöpfung umfasst viel mehr Wunder, als wir uns jemals vorstellen können. Mit jeder Frage, die unsere klügsten Köpfe klären können, tun sich zehn neue auf. Wir wissen immer noch nicht, was die Elemente zusammenhält, obwohl sie eigentlich auseinanderfallen müssten. Wir wissen nicht, woraus Antimaterie besteht oder wie man sie herstellen kann. Wir wissen nicht, wie man aus Energie Materie macht, obwohl wir wissen, dass es gehen muss. Wir wissen nicht, wie ein Gedanke entsteht und woher er kommt. Wir wissen nicht einmal, woraus Licht besteht: Sind es nun Wellen oder ist es doch Materie (beides lässt sich in Experimenten nachweisen)? Und wenn wir in die Wunderwelt der kleinsten Teilchen eindringen, dann wird es noch viel schwieriger. Kann die Stringtheorie wirklich etwas erklären und hat sie überhaupt jemand verstanden? Was könnten wir alles anstellen, wenn wir alle Geheimnisse dieser Welt wüssten? Welch ein gewaltiger Durchbruch war schon die Nano-technologie, wer hätte so viel Nutzen davon erwartet? Wie viel Datenspeicher passt inzwischen auf einen Mikrochip! Was können wir noch an technischen Entwicklungen erwarten, wenn wir das Wissen der ganzen Menschheit zusammentragen? Wie viele Geheimnisse dieser Welt bleiben uns für immer verschlossen, weil wir einfach nicht intelligent genug sind?

Vielleicht sind manche Wunder in der Bibel gar nicht die Aufhebung der Naturgesetze durch die Allmacht Gottes, sondern die konsequente Nutzung der Naturgesetze durch den, der sie wirklich kennt, weil er sie gemacht hat: den allwissenden Gott. Seine Allmacht zeigt sich dann eher darin, dass er in der Lage ist, sich alle diese Wunder der Natur auszudenken und umzusetzen. Er ist der Herr dieser Welt. Er ist der Beherrscher aller Geheimnisse.

Diese Schöpfung ist so gewaltig und wunderbar, dass unsere klügsten Köpfe sie nicht einmal nachdenken können. Welch ein fantastisches Gehirn muss sich so etwas ausgedacht haben? Was für ein Kopf steht dahinter? Man mag über die Evolutionstheorie denken, wie man will, aber Einigkeit besteht doch unter Christen darüber, dass Gott die Erde erschaffen hat, dass es nicht bloßer Zufall war, sondern ein genialer Schöpfer, dem wir unser Leben zu verdanken haben. Es gibt einen persönlichen Ursprung des Lebens und einen Gott, vor dem wir uns verantworten müssen. Es gibt jemanden, der so klug ist, dass wir nicht einmal in Ansätzen seine Gedanken nachdenken können. Und manchmal kann man sich nur wundern, wie dreist wir mit diesem Gott umspringen und wie weit er sich auf unser Niveau herablässt.

Die Schöpfung ist gefallen

Manchmal versuche ich, mir das Paradies vorzustellen. Wie schön muss die ursprüngliche Schöpfung im Garten Eden gewesen sein? Ich bin begeistert von Architektur, der gestaltenden, künstlerischen Kraft des Menschen und vor allem von Gartenarchitektur, der perfekten Symbiose zwischen Natur und Kultur, zwischen Gestaltung und Wildwuchs. Es gibt so wunderschön gestaltete Gartenformen, jede hat dabei ihren eigenen Reiz. Japanische Gärten mit ihren kunstvollen Minilandschaften, den sparsam eingesetzten Pflanzen und verschiedenartigen Steinen, meditative Beschränkung auf das Wesentliche; französische Gärten mit ihren strengen geometrischen Formen, verspielten Labyrinthen und sehr wenigen unterschiedlichen Pflanzenarten, dafür sehr viel gärtnerischer Gestaltung; die üppig blühenden Bauerngärten mit wilden und kultivierten Blüten, scheinbar durcheinandergewürfelt und in Wirklichkeit mit System angelegt, jeden Tag kann man einen neuen frischen Blumenstrauß schneiden, der immer anders zusammengestellt ist; die lieblichen mediterranen Gärten, die sich in die günstigen klimatischen Bedingungen einfügen und einladen, die Seele baumeln zu lassen. Die tropischen Gefilde, die wir nur im Gewächshaus nachbilden können mit Orchideen und Strelitzien; fantastische Blüten und gewaltige Gewächse prägen den tropischen Garten.

Wie mag erst der Garten Eden gewesen sein? Was für ein genialer Architekt hat sich da verwirklicht?

Wie mag erst der Garten Eden gewesen sein? Was für ein genialer Architekt hat sich da verwirklicht? Wenn Menschen schon auf so wundervolle Einfälle kommen, was fällt Gott dann wohl ein, der alle Pflanzen und Tiere zur Verfügung hat, der ein vollkommenes Schönheitsempfinden hat, der ideale Wachstumsbedingungen schaffen kann? Ich glaube, ich hätte dort jahrelang spazieren gehen können und hätte immer neue Sachen entdeckt. Vollendet kultivierte Schöpfung in völliger Harmonie, Inspiration über Inspiration, Vielfalt in perfekter Ergänzung.

Können Sie sich vorstellen, wie Sie mit Adam und Eva am Abend durch den Garten spazieren? Am Horizont zeichnet sich ein riesiger roter Sonnenuntergang ab, in der Nähe plätschert ein kleiner Wasserfall munter vor sich hin. Wie ein Park breiten sich Wiesen vor Ihnen aus, prächtige Solitärbäume ragen in den Abendhimmel mit interessanten Formen und Farben. Die Wegesränder zieren exotische Blumenrabatten, einzelne besonders schöne Exemplare sind in Hochbeeten angelegt. Tiere jeder Art streifen durch den riesigen Park und lassen sich bestaunen und anfassen. Viel zu schnell ist der kleine Rundgang vorbei und Sie versprechen, am nächsten Tag wieder vorbeizukommen.

Aber mitten in dieses Paradies erklingt wie ein Donnergrollen das Wort von Paulus: „Die ganze Schöpfung seufzt und wartet auf Erlösung" (Römer 8,18–22). Das kann doch nicht möglich sein! Es war alles so herrlich gemacht. Gerade sind Sie noch durch die Herrlichkeit und Pracht spaziert und nun gibt es nur noch Seufzen? Was ist passiert?

Der Mensch ist passiert! „Ups, da war doch was?" So mag es aus Adams Mund geklungen haben. „Eigentlich hätte ich diese Frucht nicht essen sollen. Aber die Frau … aber die Schlange …" Irgendjemand ist ja immer schuld! Die Folge des Sündenfalls war nicht nur, dass der Mensch aus dem Paradies vertrieben wurde. Nicht nur er musste unter dem Fluch der Sünde leiden, die ganze Schöpfung ist in Mitleidenschaft gezogen worden. Das Leiden der Natur unter dem Recht des Stärkeren, unter Zerfall, unter Katastrophen ist eine Folge des Sündenfalls der Menschen. Wir sind schuld an Überschwemmungen und Erdrutschen, an Dürre und verendeten Tieren. Wir sind schuld an verheerenden Erdbeben, Vulkanausbrüchen und Tsunamis. Wir sind schuld am Töten und Fressen, am Tod von Millionen von Tieren. Das Schicksal der Schöpfung ist untrennbar mit dem der Menschen verbunden. Wenn der Mensch fällt, dann fällt die Schöpfung, aber auch umgekehrt: Wird der Mensch erlöst, dann wird auch die Schöpfung erlöst. Der Mensch ist der Dreh- und Angelpunkt für die ganze Schöpfung Gottes.

Aber schieben wir dabei nicht die Schuld auf Adam und Eva und ihren Sündenfall. Als es in den USA noch die Sklaverei gab, war ein Sklave namens Mose sehr unzufrieden mit seiner Situation. Er meinte, wenn Adam nicht gesündigt hätte, dann wäre die Arbeit heute nicht so schwer und er könnte es sich gut gehen lassen. So schimpfte er bei jedem Schlag mit seiner Hacke auf Adam und die Grausamkeit des Schicksals. Der Gutsherr bekam die Sache mit und ließ sich alles von Mose erklären. „Gut", meinte er versöhnlich, „da du ja nicht schuld bist an Adams Sünde, sollst du auch nicht darunter leiden. Du darfst ab sofort jeden Tag auf der Veranda liegen und Fruchtsaft schlürfen und musst nie wieder arbeiten. Du darfst nur niemals den Stein hochheben, der dort auf der Säule liegt." Die Sache war abgemacht und Mose ließ es sich richtig gut gehen. Jeden Tag lag er nun auf seiner Veranda und schlürfte Fruchtsaft. Das süße Leben bekam ihm richtig gut, so fröhlich und gelassen hatte man ihn vorher selten gesehen. Aber es kam, was kommen musste – der Stein ließ ihm keine Ruhe. Erst umkreiste er ihn in großen Runden, dann ging er immer näher heran. Die Gedanken und Fragen nagten an ihm: „Es muss doch etwas Wichtiges darunter verborgen sein, vielleicht sogar ein Schatz, den ich nicht finden soll. Es kann doch nicht so schlimm sein, wenn ich nur einen ganz kleinen Blick riskiere." Schließlich wagte er es und hob den Stein an. Darunter lag ein kleiner Zettel, auf dem stand: „Mose, du alter Halunke! Geh sofort wieder an deine Arbeit! Wenn du an Adams Stelle gewesen wärst, hättest du auch die Frucht von dem Baum genommen." So musste Mose wieder seine ungeliebte Arbeit aufnehmen und konnte nicht einmal Adam dafür die Schuld geben.

In jedem von uns steckt Adam, jeder von uns ist schuld an der Gefallenheit der Schöpfung.

In jedem von uns steckt Adam, in jedem steckt ein Sünder und jeder von uns ist schuld an der Gefallenheit der Schöpfung. Manchmal leiden wir unter der begrenzten Vorstellung, dass die Erlösung, die Jesus am Kreuz geschaffen hat, nur für uns Menschen gilt. Jesus ist auch dazu gekommen, die restliche Schöpfung zu erlösen. Deshalb wartet die ganze Schöpfung auf die Erlösung der Gotteskinder, sie seufzt sogar vor Sehnsucht. Sie leidet unter der Gefallenheit und Sterblichkeit aller Dinge, unter dem Recht des Stärkeren, unter dem Kampf um Leben und Tod. Sie leidet unter der Sünde und dem Fluch, der auf ihr liegt.

> Das Opfer von Jesus am Kreuz hat weitreichende Konsequenzen. Es gibt Hoffnung auf Erlösung für unsere alte, gefallene Welt.

Die Erneuerung der Welt ist an unsere vollständige Erlösung gekoppelt, und das ist auch dort bekannt. Ich stelle mir das so vor: Wenn wir durch den Wald gehen, dann klatschen die Zweige der Bäume und rufen sich zu: „Da kommt ein Kind Gottes, wenn er erlöst wird, dann werden wir auch erlöst." Ein Reh springt vorbei und jubelt: „Ein Kind Gottes, wir sehen uns, wenn du erlöst wirst!" Wir laufen über eine Wiese und die geknickten Grashalme rascheln: „Halleluja! Jeder Schritt ist ein Vorbote der Erlösung." Die Berge singen im Bass, wenn wir auf ihnen herumklettern: „Wieder ein gesegneter Fuß, der mir die Botschaft der Erlösung bringt!" Der Wasserfall dröhnt mit gewaltiger Stimme: „Kinder Gottes, lasst euch anschauen, ihr Gesegneten des Herrn!" Der schwarze Panther sehnt sich nach Frieden und Harmonie mit den anderen Geschöpfen Gottes. Die Schwarze Witwe will nicht mehr einen Ehemann nach dem anderen töten. Der riesige Wal seufzt und singt seinen klagenden Gesang, weil er unter dem Leiden und Sterben seiner Artgenossen leidet.

Manchmal frage ich mich, ob wir uns genauso nach Erlösung sehnen wie der Rest der Schöpfung, ob wir uns unserer Unvollkommenheit genauso bewusst sind, ob wir noch seufzen unter der Macht der Sünde und dem Fluch, der auf uns liegt? Für die Schöpfung ist jeder von uns, der an Jesus glaubt, ein Hoffnungsschimmer der kommenden Welt. Allein unsere Anwesenheit bringt Licht in diese dunkle Welt hinein.

Die Vernichtung der alten Erde

Gott wird einen neuen Himmel und eine neue Erde schaffen, um diesem Seufzen ein Ende zu bereiten. Aber zuerst kommt die Vernichtung, die vollständige Zerstörung. Der Apostel Petrus spricht davon, dass unter großem Krachen die Elemente vor Hitze zerschmelzen werden (2. Petrus 3,10–13). Johannes redet in der Offenbarung davon, dass sogar das Meer verschwindet, das ja einen großen Teil der Erdoberfläche ausmacht (Offenbarung 21,1). Das bedeutet nun nicht zwingend, dass es nicht auch ein neues Meer geben wird, die Aussage bezieht sich meines Erachtens nur auf die Vernichtung der alten Erde und ihrer Bestandteile. Viele von uns würden doch ungern auf ein Meer in Gottes neuer Welt verzichten wollen. Johannes sagt, dass Himmel und Erde fliehen und verschwinden, wenn Gottes großer weißer Thron erscheint, von dem aus er das Weltgericht halten wird (Offenbarung 20,11). Ein unbekannter Psalmsänger gebraucht ein anderes Bild für die Vernichtung der Erde: Gott wird Himmel und Erde wie die Kleidung wechseln, sie werden wie alte Kleider zerfallen (Psalm 102,26–28).

Gott will die alte Erde nicht einfach nur reparieren, sondern er will etwas Neues, viel Schöneres erschaffen.

Es sind verschiedene Bilder, aus denen wir zwar nicht erfahren, wie die alte Erde vernichtet wird, aber dass es eine unumstößliche Tatsache ist. Menschen werden dann nicht mehr auf der Erde sein. Aber Gott will die alte Erde nicht ausbessern, er will nicht nur reparieren. Er will etwas Neues, viel Schöneres erschaffen. Dafür muss das Alte weichen.

Es gab einmal einen älteren Hausbesitzer in einer Großstadt, der wohnte in einem alten, abbruchreifen Haus mitten zwischen den neuen, fantastischen Hochhäusern. Schon lange war ein Interessent bei ihm vorstellig, der ihm sein altes Haus abkaufen wollte, aber Herr Koslowsky, der Hausbesitzer, konnte sich einfach nicht davon trennen. Doch schließlich war das Kaufpreisangebot so verlockend, dass er es nicht mehr ausschlagen konnte. Bei der Übergabe präsentierte Herr Koslowsky stolz sein altes Haus, das in neuem Glanz erstrahlte. Er hatte es extra neu gestrichen und die wichtigsten Stellen ausbessern lassen, damit der neue Besitzer viel Freude daran haben sollte. Aber der Unternehmer schlug nur die Hände über dem Kopf zusammen: „Herr Koslowsky, das Haus wird doch sowieso abgerissen, hier soll ein ganz neues, schönes Gebäude entstehen, das sich perfekt in die Häuserreihe eingliedert."

Die alte Erde ist nicht mehr zu retten, sie muss abgerissen werden und stattdessen etwas völlig Neues entstehen. Der amerikanische christliche Musiker Keith Green spricht in einem Lied die bemerkenswerte Frage aus: Wenn Gott für die Erschaffung dieser Erde, die so wunderbar ist, nur sieben Tage gebraucht hat, wie herrlich wird dann wohl die neue Schöpfung sein, an der er nun schon seit 2 000 Jahren arbeitet?

Die neue Schöpfung

Wenn ich die Verse aus Jesaja 11 und 65 miteinander vergleiche und dabei die Schöpfungsgeschichte im Hinterkopf habe, kann ich mir gut vorstellen, dass die neue Erde der ursprünglichen Schöpfung Gottes ähneln wird. Diese Schöpfung war sehr gut und ist nur durch den Sündenfall verdorben worden. Eine Erde war immer Gottes Ziel für die Menschen. Eigentlich könnte man doch meinen, der Himmel sei völlig ausreichend, wir bräuchten keine neue Erde. Aber für Gott ist das nicht genug, er möchte noch eine zweite Schöpfung, eine Welt, wie er sie eigentlich geplant hatte. Gott will noch einmal eine materielle, sichtbare Welt. Gott wird es noch einmal wagen, aber diesmal mit anderen Vorzeichen.

Es wird auf dieser neuen Erde auch wieder Menschen geben, die in Völkern zusammenleben, die die neue Welt bebauen und bewahren. Sie werden diesmal ihrer Bestimmung gerecht werden.

Es wird wieder Tiere geben, wahrscheinlich alle uns vertrauten Arten (vgl. Jesaja 65,25). Auf jeden Fall wird man die ausgestorbenen Arten wieder bestaunen können, die zur ursprünglichen Schöpfung Gottes gehörten. Mammuts und Dinosaurier, Säbelzahntiger und Wollnashorn gibt es dann wieder in freier Wildbahn. Die Schöpfung Gottes wird unglaublich vielfältig sein. Aber alle diese Tiere werden nur noch Pflanzenfresser sein, sie werden sich nicht mehr gegenseitig bedrohen oder jagen, auch für den Menschen sind sie keine Feinde mehr. Die Schöpfung lebt in völliger Eintracht miteinander.

Harmonische Beziehungen prägen das Miteinander auf der neuen Erde. Streit und Ärger, Scheidung und Krieg sind ausgestorben.

Wenn wir all diese Erkenntnisse zusammenfassen, bekommen wir ein konkretes Bild von dem Leben auf der neuen Erde, das ich mir so vorstelle: Ich sehe eine Lichtung im Wald, eine Wiese mit bunten Blumen darauf. Eine Quelle mit klarem, frischem Wasser entspringt dort und wird zu einem Bach, der fröhlich plätschernd über Stock und Stein springt. An seinem Ufer wachsen wunderschöne Bäume, wie wir sie sonst nur in Parks finden. Ein Reh taucht aus dem Unterholz auf und trinkt aus dem Bach, ein schwarzer Panther schleicht sich unmerklich an, ein trockener Zweig knackst, aber das Reh erschrickt nicht, denn der Panther kommt nur, um friedlich neben dem Reh zu trinken. Ein kleiner Junge setzt sich dazwischen und streichelt die beiden zutraulich, um später mit dem Panther ausgelassen über die Wiese zu tollen.

Die Mutter ruft zum Abendessen. Was da für leckere Sachen auf dem Tisch stehen! Das Brot dampft noch und duftet köstlich. Viele exotische Früchte sind im Obstsalat zu finden. Die Arbeit, um diese tollen Früchte zu ernten, ist überhaupt nicht schwer und schweißtreibend. Der Boden gibt so viel her, das Klima ist so günstig, dass die große Familie alles im Überfluss hat. Milch und Honig fließen wahrhaftig und nicht nur sprichwörtlich auf dieser Erde. Am Abend kommen die Nachbarn und Freunde, die erwachsenen Kinder mit ihren Kindern. Sie sitzen zusammen und feiern ein Fest. Karl ist Tischler und hat eine neue Wiege mitgebracht, die Familie erwartet wieder Nachwuchs, aber niemand fürchtet Komplikationen, so etwas gibt es nicht mehr, genauso wenig wie Periodenschmerzen oder PMS. Natalie ist Physikerin, sie wohnt in der Stadt und kommt darum etwas später. Sie erzählt von ihrer spannenden Arbeit, von den Ergebnissen der Forschung zum Wohl der Menschen. Keiner lästert bei dem ausgelassenen Gespräch. Es ist ein vertrauensvolles Miteinander ohne Lügen oder Betrügen. Es gibt so viel Gutes, über das man reden kann, und der Wein ist ein edler Tropfen. Erst spät am Abend kann man sich voneinander trennen.

Ich stelle mir diese neue Erde als eine Welt ohne Energieprobleme vor. Es ist unendlich viel davon vorhanden. Es gibt Energiequellen, die nicht versiegen und keine Verschmutzung verursachen. Kernkraftwerke sind unnötig, der Strom kommt aus der Steckdose. Es gibt keinen Raubbau an der Natur mehr, die Menschen haben einen Weg gefunden, im Einklang mit der Natur zu leben, ohne auf Komfort verzichten zu müssen. Das Wissen der Menschheit nimmt mit dem Wachstum der Bevölkerung zu, die größer werdenden Herausforderungen können harmonisch bewältigt werden.

Es gibt keine soziale Ungerechtigkeit mehr. Es gibt Arbeit für jeden und genug zum Leben für alle Menschen auf der Erde. Die politischen Systeme sind gerecht und stabil, weil die Politiker ehrenhafte Menschen sind, die vor dem lebendigen Gott Verantwortung tragen. Die Menschen haben tragfähige soziale Bindungen untereinander. Jeder sorgt sich um den anderen, sorgt für den anderen, achtet auf das Wohlergehen aller. So wird echte, liebevolle Gemeinschaft möglich. Und sollte diese Erde einmal zu klein werden für die Menschheit, die sich rasch vermehrt, dann könnte es sein, dass wir als Gottesmenschen andere Planeten bewohnbar machen werden. Das Weltall ist so riesig und dehnt sich immer mehr aus. Es ist genügend Lebensraum vorhanden, wenn man weiß, wie man ihn nutzbar macht.

Das neue Israel

In den Bibelversen, die von der neuen Erde berichten, hat das Volk Israel eine ganz zentrale Bedeutung. Wir wissen, dass der Bund, den Gott mit seinem Volk geschlossen hat, nicht für immer außer Kraft gesetzt ist. In Römer 9–11 beschreibt Paulus eindrücklich, wie Gott sich seinem Volk wieder zuwenden wird, wenn die Zeit der Gemeinde auf dieser Welt ihrem Ende entgegengeht (Römer 11,25–26). Und umgekehrt wird sich in den letzten Tagen, wenn Jesus sichtbar wiederkommt, Israel wieder als Volk Gott zuwenden und Jesus als Messias erkennen.

Auf der neuen Erde werden meines Erachtens die Erlösten des Alten Testamentes, die zusammen mit den Glaubenden des Neuen Testamentes auferstanden sind, wieder auf der Erde wohnen. Ihre Herrschaft ist dann der Mittelpunkt der Welt (Jesaja 2,2–4). Sie werden die neue Menschheit die Anbetung Gottes lehren, ihr Lebensraum ist das neue Paradies. Sie haben aber weiterhin Zugang zum Himmel und dem Thron Gottes. Sie bringen ein Stück vom Himmel auf die Erde. So vollendet Gott seine Geschichte mit dem Volk Israel. Sie dürfen endlich die Bestimmung leben, die Gott ihnen schon immer zugedacht hat.

Die Gottesmenschen

Die neue Erde wird für uns als Kinder Gottes auch eine neue Spielwiese sein. Vieles, was wir hier aufgrund unserer Beschränkungen als Menschen nicht tun konnten, werden wir dort ausprobieren und ganz viel Spaß daran finden. Vielleicht mag mancher denken, der Himmel werde uns dann genug sein, aber Gott selbst hat diese Schöpfung geschaffen, obwohl er genug Himmel zur Verfügung hat. Und er hat nicht nur Menschen geschaffen, er wollte die ganze Schöpfung mit den vielen scheinbar überflüssigen Details, die man zum Leben gar nicht braucht. Auch er hat Gefallen an seiner Schöpfung. Von Jesus (er wird hier als personifizierte Weisheit dargestellt) heißt es im Buch der Sprüche, dass er vor Gott auf der Erde wie ein Kind spielte, mit der ganzen Schöpfung und den Menschen (Sprüche 8,30–31). Gott ist nicht so todernst, wie wir immer glauben. Der Himmel ist nicht nur Dienst und Anbetung für Gott. Er liebt das ausgelassene Spiel, die unbändige Freude, das kindliche Gemüt. Manchmal muss ich mich daran erinnern, wenn mein Sohn bei Tisch seine Faxen macht und die ganze Familie sich die Bäuche hält vor Lachen.

> Die neue Erde ist die Spielwiese für die Gottesmenschen. Und manche Menschen meinen immer noch, Gott sei ein Spielverderber!

Vielleicht werden wir ausgelassen mit den Delfinen aus dem Wasser springen und synchron eine Schraube drehen. Vielleicht können wir auf der Schwanzflosse eines riesigen Pottwales sitzen und durch die Weltmeere gleiten. Vielleicht tauchen wir mit riesigen, eleganten Rochen und spielen Verstecken, wenn sie sich im Sand am Meeresgrund vergraben haben. Vielleicht fliegen wir auf einem Drachen oder rutschen vom Rücken des mächtigen Dinosauriers. Vielleicht werden wir auf wilden Pferden durch die Prärie reiten oder kraulen einen mächtigen Grizzlybären. Vielleicht springen wir von einem hohen Wasserfall oder spielen heimlich Mann im Mond. Vielleicht werden wir Wolken jagen oder auf dem Regenbogen sitzen. Ich glaube wir werden sie genießen, die neue Erde, aber nicht mehr als Teil der Schöpfung, sondern als Herren der Schöpfung. Für die neue Menschheit sind wir die Mittler zwischen Gott und Menschen, als Gottesmenschen vereinen wir beides in einer Person. Wir werden Menschen richten und Völker beherrschen. Zu uns kommen die Politiker, wenn sie wissen möchten, wie ein gerechtes und soziales Miteinander der Menschen möglich ist. Wir werden mit Rat und Hilfe zur Seite stehen, wir sind die göttlichen Ratgeber, wenn die Menschen Hilfe brauchen. Man geht nicht mehr zu irgendeinem Einsiedler oder Guru, denn die Gottesmenschen können wirklich weiterhelfen. Vielleicht überbringen wir die Blätter vom Baum des Lebens, wenn Menschen krank werden. Sicherlich werden wir die Menschen Weisheit und Gottesfurcht lehren. Eine neue Erde ohne die Gottesmenschen ist dann nicht mehr vorstellbar.

Die richtige Entscheidung

Es war irgendwo im Nirgendwo. Wir waren mit unserem alten Auto in Ecuador unterwegs, ganz allein auf der Schotterpiste zwischen Küste und Hochland. Die Kinder hatten wir in guten Händen bei anderen Missionaren untergebracht. Weit und breit waren keine anderen Autos oder Hütten zu sehen. „Hier sollte man keine Autopanne haben!", schoss es mir durch den Kopf.

Auf einmal tauchte eine Gruppe Jugendlicher auf der Straße auf, sie blockierten die Fahrbahn und zwangen uns zum Halten. Uns war sofort klar, dass dies ein Überfall war, hier würden wir nicht heil herauskommen. Es ging zwar eigentlich um unser Geld (von dem wir gar nicht viel mitführten), aber ein Menschenleben gilt in Ecuador nicht viel. Der kleinste Anlass oder die schlechte

Laune eines der Jugendlichen wäre unser Ende. Ich konnte natürlich auch nicht einfach die jungen Leute überfahren.

So brachte ich das Auto zum Stehen, die Räuber umzingelten meine Autotür und ließen Claudia erst einmal unbeachtet. Auf einmal ging ein Ruf des Erstaunens durch die Gruppe. Sie hatten die Kette aus schwarzer Koralle gesehen, die meine Frau trug. Aufgeregt stürzten sie um das Auto herum und gaben damit die Fahrbahn frei. Ich erkannte die Gelegenheit und gab Gas. Wütend sah ich die Jugendlichen im Rückspiegel winken. Durch ihre Gier hatten sie alles verloren, was sie sich erhofft hatten, und wir vermutlich unser Leben gerettet.

Wenn wir einen Schatz im Himmel haben wollen, dann müssen wir unser Leben auf der Erde dafür investieren.

Manchmal trifft man die falsche Entscheidung, wenn man unbedingt etwas haben will. Manchmal kann man den wahren Wert nicht abschätzen und lässt sich blenden von Scheinwerten. Wenn uns der wahre Wert des Himmels nicht deutlich genug vor Augen steht, kann es sein, dass wir uns auf falsche Versprechungen stürzen, dass wir versuchen, den Himmel schon auf der Erde zu bekommen. Aber Jesus macht deutlich, dass wir eine Entscheidung treffen müssen: Wenn wir einen Schatz im Himmel haben wollen, dann müssen wir unser Leben auf der Erde dafür investieren. Oder wir versuchen, hier das Glück zu finden, dann haben wir auch eine Entscheidung getroffen.

Deshalb hat Jesus zu seinen Jüngern gesagt: „Wer über wenigem treu gewesen ist, den will ich über vieles setzen!" (Matthäus 25,21). Das, was wir in den paar Jahren auf dieser Erde tun und lassen und wie wir es tun, entscheidet über unsere Aufgaben in der Ewigkeit. Vielleicht hat jemand treu seinem ungläubigen Ehepartner die Liebe Jesu vorgelebt. Oder jemand hat sich immer selbst hinten angestellt und nur an andere gedacht. In dieser Welt wird das als Schwäche angesehen, aber nicht bei Gott. Vielleicht musste jemand viel leiden, vieles ertragen, was anscheinend über seine Kräfte ging. Vielleicht hat jemand über Jahre treu einen unscheinbaren Dienst getan, für den es keine Anerkennung gab, weil niemand es gesehen hat. Vielleicht hat jemand in seinem Dienst viel Entmutigung oder Kritik hinnehmen müssen und ist trotzdem treu geblieben. Wie viele Omas und Opas haben treu ihre Hände gefaltet und für ihre Kinder und Enkelkinder gebetet? Wer von uns wäre heute bei Jesus, wenn das nicht so geschehen wäre? Für Jesus ist nicht die Frage wichtig, wie effektiv unser Dienst ist, sondern ob er leidenschaftlich geschieht.

Kurz vor seinem Tod war Jesus bei seinen Freunden Maria, Martha und Lazarus zu Besuch. Maria ergriff die Gelegenheit und salbte Jesus mit einer kostbaren Salbe die Füße, dann trocknete sie die Füße mit ihren Haaren ab. Jesus tadelte sie nicht dafür, obwohl Judas erbost war, weil man das Geld vom Verkauf der Salbe sinnvoller hätte einsetzen können. Immerhin war es ein ganzes Jahresgehalt, das Maria Jesus dort auf die Füße kippte. Jesus schaute ihr Herz an und sah ihre Motivation, ihm zu dienen – das ist das Einzige, was zählt (Johannes 12,1–8). Jesus geht es nicht um die Effektivität des Dienstes, sondern um die Liebe, die unsere Motivation ist.

Überhaupt ist die Liebe das bestimmende Element der neuen Welt und der Gottesmenschen. Paulus sagt uns im 1. Korintherbrief 13,8, dass die Liebe bleibt, auch wenn alles andere aufhört. Die Liebe ist es, die wir mitnehmen in Gottes neue Welt. Die Liebe bestimmt über unseren zukünftigen Dienst. Derjenige, der hier in dieser Welt eine große Liebe und Hingabe hatte, der wird diese Liebe als Merkmal mitnehmen, er kommt schon mit einem großen Schatz im Himmel an. Die negativen Eigenschaften, die sündigen Charakterzüge lassen wir zurück, aber die Liebe und die Wesenszüge, die aus ihr resultieren, nehmen wir mit; die Liebe ist unser Startkapital.

In den Versen 1–7 in 1. Korinther 13 entfaltet Paulus, wie diese Liebe gelebt wird. Es sind nicht einfach nur die guten Werke, die aneinandergereiht werden. Die Werke sind noch kein Beweis für die Liebe. Selbst wer alles für die Armen weggibt oder sich verbrennen lässt, muss nicht unbedingt aus Liebe handeln, sagt Paulus. Aber umgekehrt ist die Liebe auch nicht nur ein hehres Gefühl ohne Bezug zur Realität. Liebe muss sich zeigen, in Geduld und Freundlichkeit, in Vergebung ohne Bitterkeit, in Demut und Wahrhaftigkeit. Ich möchte behaupten, dass dieser Lebens- und Liebesstil schwerer zu praktizieren ist, als reichlich Almosen zu verteilen. Wer wenig Liebe hat, vor allem nur für sich und seine Bedürfnisse gelebt hat, der ist in der Ewigkeit ein „ganz armes Würstchen". Es gibt nichts, was sein Leben positiv prägt. Für unseren Herrn Jesus ist also unsere Motivation das Einzige, was zählt. Es ist zweitrangig, wie viele Traktate wir verteilt haben, wie viele Menschen wir zum Glauben geführt haben, ob wir eine Gemeinde geleitet haben oder ein bekannter Prediger gewesen sind, ob wir große Summen gespendet haben oder Tag und Nacht für Gottes Sache unterwegs waren. Wichtig ist, *warum* wir es getan haben. Man kann all diese Dinge auch tun, um sich selbst darzustellen, um sein Gewissen zu beruhigen, um Anerkennung von anderen Menschen zu bekommen, dann ist alles vergeblich für die Ewigkeit.

Gott braucht keine Helden, keine Leistungsträger! Gott möchte „Lieb-Haber" – Menschen, die ihn lieben!

Diese Welt ist eigentlich nur eine Erprobungsphase für die zukünftige Welt. An unserer Leidenschaft und Treue wird sich entscheiden, welche Aufgaben wir auf der neuen Erde übernehmen können. Das bedeutet: Was immer wir ertragen müssen, es lohnt sich! Wir sollten unser Leben auf dieser Erde vielleicht in dieser Hinsicht noch einmal neu überdenken. Wenn sich Gottes Natur mit unserer menschlichen verbindet, werden wir eine neue Menschheit anleiten können. Dann können wir unsere wahre Bestimmung leben. In Offenbarung 14,13 sagt eine Stimme aus dem

Himmel, dass den Menschen, die an Jesus geglaubt haben, ihre Werke über den Tod hinaus nachfolgen. Wir wissen natürlich, dass niemand aufgrund seiner Werke in den Himmel kommt, einzig und allein das Opfer Jesu ist unsere Eintrittskarte in den Himmel. Und doch haben unsere Werke eine Bedeutung für die Ewigkeit, sie sind nicht einfach für die Katz. An dem, was wir tun und lassen, wird Gott unsere Liebe ablesen. Und keine gute Tat wird unvergolten bleiben.

In diesem Zusammenhang erzählt Karl Heinrich Waggerl eine sehr nachdenkliche Geschichte über einen Stock[7]:

Der Stock kam auf seltsame Weise in meinen Besitz, es ist keine rühmliche Geschichte. Einmal im Winter, an einem stürmischen Abend, klopfte es noch an der Tür. In solchen Fällen lasse ich gern das Licht vor dem Haus brennen, damit mir die Nacht nicht zu nah an die Fenster kommt. Nun ging ich also verdrossen, um nach diesem späten Gast zu sehen. Der Wind riss mir gleich die Klinke aus der Hand, Treibschnee fegte in den Flur, ein verteufeltes Wetter. Draußen stand ein alter Mann auf den Stufen, ich kannte ihn. Er kam oft vorüber, klopfte und hielt mir die Hand entgegen. Nie sagte er ein Wort des Dankes, er sah mich nur mit seinen wässrigen Trinkeraugen an, und ich gab ihm, was mir eben einfiel, ein Endchen Wurst oder etliche Groschen aus der Hosentasche. Über der Schulter trug er einen Stock und daran hing ein alter Sack, aber was mich jetzt ärgerte, war sein kahler Kopf, es lag ihm wahrhaftig schon Schnee auf dem Schädel. Da nahm ich meine wollene Haube vom Haken, ein wenig schwankte der Alte, als ich ihm die Mütze über die Ohren zog, und dann ging er davon, wie die leibhaftigen guten Werke. Das aber war der Augenblick, in dem ich mich hätte besinnen müssen. Ich hätte an die rückwärtige Kammer denken sollen, o ja, ich dachte auch daran. Dort stand ein leeres Bett bereit, Tisch und Stuhl für einen Gast, und es war warm und behaglich in dieser Stube. Es gab auch noch Suppe in der Küche oder ein Butterbrot und eine halbe Flasche Bier auf dem Fensterbrett. Aber zugleich dachte ich an mein sauberes Haus und dass dieser Kerl hereintappen würde, nass und dreckig und weithin nach Branntwein stinkend. Wie er seine Fetzen auf den gewachsten Boden fallen ließe und unter das frische Leinentuch kröche, mitsamt seinem Grind und seinen Läusen. Und da schlug ich die Tür zu und ließ das ganze Unbehagen draußen. Zwei Tage später kam der Totengräber und zeigte mir einen Stock, eine großartige Arbeit, aus Nussbaumholz geschnitzt. Den Knauf bildete ein bärtiger Kopf und auch aus dem Astknoten sahen lauter Gesichter, alle mit offenen Mündern, als schrien sie aus dem Holz. Ob ich das Ding etwa kaufen wolle, fragte der Mann. Er habe nun doch diesen Alten eingraben müssen, diesen Josef, eine Schinderei in dem gefrorenen Boden, und nichts dafür zu lösen. Gut, ich nahm den Stecken für ein anständiges Geld. „Mach ihm auch ein Kreuz auf das Grab", sagte ich. „Wann ist er gestorben?" „Gestorben eigentlich nicht", sagte der Totengräber, „erfroren."

Kapitel 7

Ein neuer Himmel

Dann sah ich einen neuen Himmel und eine neue Erde, denn der alte Himmel und die alte Erde waren verschwunden. Und auch das Meer war nicht mehr da. Und ich sah die heilige Stadt, das neue Jerusalem, von Gott aus dem Himmel herabkommen wie eine schöne Braut, die sich für ihren Bräutigam geschmückt hat. Ich hörte eine laute Stimme vom Thron her rufen: „Siehe, die Wohnung Gottes ist nun bei den Menschen! Er wird bei ihnen wohnen und sie werden sein Volk sein und Gott selbst wird bei ihnen sein. Er wird alle ihre Tränen abwischen, und es wird keinen Tod und keine Trauer und kein Weinen und keinen Schmerz mehr geben. Denn die erste Welt mit ihrem ganzen Unheil ist für immer vergangen." (…)

Dann kam einer der sieben Engel, welche die sieben Schalen mit den sieben Plagen getragen hatten, und sagte zu mir: „Komm mit mir! Ich will dir die Braut, die Frau des Lammes, zeigen." Da nahm er mich im Geist auf einen großen, hohen Berg und zeigte mir die heilige Stadt, Jerusalem, die von Gott aus dem Himmel herabkam. Sie war ganz von der Herrlichkeit Gottes erfüllt und funkelte wie ein kostbarer Edelstein, kristallklar wie Jaspis. Ihre Mauern waren breit und hoch und hatten zwölf Tore, die von zwölf Engeln bewacht wurden. Und auf den Toren standen die Namen der zwölf Stämme Israels geschrieben. An jeder Seite – im Osten, Norden, Süden und Westen – befanden sich drei Tore. Die Mauer der Stadt hatte zwölf Grundsteine, auf denen die Namen der zwölf Apostel des Lammes geschrieben standen. Der Engel, der mit mir gesprochen hatte, hielt eine goldene Messlatte in der Hand, um die Stadt, ihre Tore und ihre Mauer zu vermessen. Als er sie maß, stellte sich heraus, dass sie viereckig und genauso lang wie breit war. Ihre Länge und Breite und Höhe

betrugen je zweitausendzweihundertzwanzig Kilometer. Dann maß er die Mauer, die fünfundsechzig Meter dick war. Dabei benutzte der Engel ein bei Menschen übliches Maß. Die Mauer bestand aus Jaspis, und die Stadt war reines Gold, so klar wie Glas. Die Mauer der Stadt war auf zwölf Grundsteinen erbaut, die mit zwölf Edelsteinen geschmückt waren: Der erste war ein Jaspis, der zweite ein Saphir, der dritte ein Chalzedon, der vierte ein Smaragd, der fünfte ein Sardonyx, der sechste ein Karneol, der siebte ein Chrysolith, der achte ein Beryll, der neunte ein Topas, der zehnte ein Chrysopras, der elfte ein Hyazinth, der zwölfte ein Amethyst. Die zwölf Tore bestanden aus zwölf Perlen – jedes Tor aus einer einzigen Perle! Und die Hauptstraße war reines Gold, so klar wie Glas. Kein Tempel war in der Stadt zu sehen, denn der Herr, Gott, der Allmächtige, und das Lamm sind ihr Tempel. Und die Stadt braucht keine Sonne und keinen Mond, damit es in ihr hell wird, denn die Herrlichkeit Gottes erleuchtet die Stadt, und das Lamm ist ihr Licht. Die Völker der Erde werden in ihrem Licht leben, und die Könige der Welt werden kommen und ihre Herrlichkeit in die Stadt bringen. Ihre Tore bleiben geöffnet, denn es gibt dort keine Nacht mehr. Und alle Völker werden ihre Herrlichkeit und Ehre in die Stadt bringen. Nichts Unreines wird hinein dürfen, auch niemand, der Götzendienst treibt und Lügen verbreitet, sondern nur die, deren Namen im Lebensbuch des Lammes geschrieben stehen. (…)
Und der Engel zeigte mir einen reinen Fluss mit dem Wasser des Lebens, so klar wie Kristall, der vom Thron Gottes und des Lammes entspringt und in der Mitte der Hauptstraße hinabfließt. Auf beiden Seiten des Flusses ist je ein Baum des Lebens, der zwölf verschiedene Früchte trägt und jeden Monat eine neue Frucht her-

vorbringt. Die Blätter dienen zur Heilung der Völker.
Nichts wird je wieder unter einem Fluch stehen. Denn
der Thron Gottes und des Lammes wird dort sein, und
seine Diener werden ihn anbeten. Und sie werden sein
Gesicht sehen, und sein Name wird auf ihren Stirnen
geschrieben stehen.

Offenbarung 21,1–4.9–27; 22,1–4

Das Leben in Städten

Aus den Reisehinweisen für Ecuador des Eidgenössischen Departements für auswärtige Angelegenheiten[8]:

> „Die Sicherheitslage hat sich in den vergangenen Jahren spürbar verschlechtert. Aus verschiedenen Gründen kann es im ganzen Land jederzeit zu Streiks, Demonstrationen, Blockaden und Ausschreitungen kommen. Streiks, Demonstrationen und Straßenblockaden können im Extremfall den Verkehr zeitweise lahmlegen und die Bewegungsfreiheit vorübergehend beeinträchtigen oder verunmöglichen. Informieren Sie sich vor und während der Reise in den Medien und bei Ihrem Reiseveranstalter über die aktuelle Lage und meiden Sie große Menschenansammlungen und Demonstrationen jeder Art, denn es besteht die Gefahr von gewaltsamen Auseinandersetzungen.
>
> Die Anzahl der Delikte nimmt zu: Diebstähle, bewaffnete Überfälle, Morde, Diebstähle von Autos unter Androhung oder Anwendung von Gewalt sowie Sexualdelikte. Besonders betroffen sind Quito, Guayaquil, Cuenca und die Küstenregion. In größeren Agglomerationen (vor allem Quito und Guayaquil) werden bei sogenannten Express-Entführungen die Opfer zu Bargeldbezügen mit der Kreditkarte gezwungen. In billigen, unbewachten Touristenunterkünften sind Gäste wiederholt ausgeraubt worden. Auch in Bussen sind sehr oft Diebe am Werk."

Ich lag nachts wach in meinem Bett in Quito und versuchte zu schlafen, aber es war gar nicht so einfach. Immer wieder hörte ich Schüsse in der ansonsten ausgestorben wirkenden Stadt. Nach Anbruch der Dunkelheit sollte man nicht mehr auf die Straße gehen, es war einfach zu gefährlich. Jede Nacht die Schüsse, jeden Tag die Angst vor Überfällen und Entführungen, selbst in bewachten Einkaufzentren konnte man sich nicht sicher fühlen. Kinder von Ausländern waren überall bevorzugte Opfer. Tagtäglich hörte man von Entführungen und Überfällen. Unser kleines Grundstück hatte eine drei Meter hohe Mauer, die Kinder durften nie auf der Straße vor dem Haus oder mit anderen Kindern in der Nachbarschaft spielen, es war einfach zu gefährlich. Gerade um die Ecke lag ein schöner, großer Park, aber schon tagsüber allein als Frau durch den Carolinapark zu gehen war ein unüberschaubares Risiko. Ich lag in meinem Bett und versuchte mir den Himmel als Großstadt vorzustellen wie die, in der wir gerade lebten, aber es misslang gründlich.

Es wird schwierig, wenn wir nur mit unseren menschlichen Vorstellungen und Erfahrungen an den Himmel herangehen, an irgendeiner Stelle wird es immer kippen. Deshalb müssen wir lernen, unsere Bilder abzuschalten und Gottes Offenbarung auf uns wirken zu lassen. Vor allem, wenn es nun um den neuen Himmel geht, zu dem es nichts Entsprechendes gibt.

Die Stadt Jerusalem

Das, was Gott über den Himmel zu sagen weiß, ist unendlich viel konkreter und auch unendlich viel schöner als jede menschliche Vorstellung. Der Text aus Offenbarung 21 und 22 lässt uns die Augen übergehen. Johannes sieht einen neuen Himmel und eine neue Erde. Im Alten Testament wurde ja immer nur die neue Erde beschrieben, jetzt tritt der Himmel in den Fokus der Betrachtung. Den alttestamentlichen Propheten war schon klar, dass es entsprechend der irdischen Stadt Jerusalem auch eine Stadt im Himmel gibt, das wahre Jerusalem, die Stadt Gottes.

Nun sieht Johannes diese Stadt aus dem Himmel auf die Erde herabkommen. Seine Beschreibung klingt so, als würde ein gewaltiges Raumschiff in unsere Atmosphäre eintreten. Auf einmal wird der Himmel für die Menschen auf der Erde sichtbar, Gottes Welt bleibt nicht im Verborgenen. Himmel und Erde verbinden sich, weil Jesus in den Riss getreten ist.

Die Gegenwart Gottes ist wichtiger im neuen Jerusalem als die Beschreibung einer Stadt als Wohnort. Die Nähe zu Gott ist unser Zuhause.

Die Stadt, das neue Jerusalem, hat gewaltige Ausmaße, so eine Stadt hat diese Erde noch nicht gesehen. Aufgrund der Ausmaße stelle ich mir vor, dass diese Stadt nicht direkt auf dem Erdboden landet, sondern die himmlische Welt in die sichtbare eintritt, wo sie von den Menschen gesehen werden kann. Die Stadt bleibt in der Luft stehen und Johannes kann sie von einem hohen Berg aus sehen. Die Maße, die hier angegeben werden, sind 2 220 km Kantenlänge, also 2 220 km lang und 2 220 km breit und 2 220 km hoch – ein riesiger Würfel. Eine Stadt mit einer Grundfläche wie halb Europa, nur viel höher. Im Moment ist ein Architekturwettstreit auf unserer Welt im Gange, bei dem versucht wird, in verschiedenen Bauprojekten von Wolkenkratzern, zum Beispiel in Dubai, die 1 000-Meter-Marke zu knacken. Das ist mit gewissen bautechnischen Herausforderungen verbunden, die es zu meistern gilt, besonders in solch exponierten Lagen. Diese Stadt wird also 2 220-mal höher sein als alles, was Menschen bisher bauen können. Das muss sehr frustrierend sein für die Architekten, die jetzt versuchen, sich zu verewigen. Die ganze jetzige Menschheit könnte auf solch einer Fläche leben, ohne in die Höhe zu bauen. In dieser Stadt gibt es sicher keine Enge oder Überbevölkerung, denn es ist ja, als hätte man Tausende Städte von der Größe übereinandergestapelt, immer mit reichlichem Platz dazwischen. Viele Milliarden Menschen hätten darin bequem Platz.

Diese Stadt ist von der Größe her fast wie ein eigener kleiner Planet, nur dass sich das Leben nicht auf der Oberfläche abspielt, sondern im Inneren. Deshalb ist die Stadt aus durchsichtigen Baustoffen gebaut: Gold, das so durchsichtig ist wie Glas, wundervolle Edelsteine, die das Licht in viele Farben brechen. Die Wohnungen dort brauchen keine Fenster, denn das Licht fällt durch die Wände. Riesige Tore hat die Stadt, vielleicht 10 mal 10 Meter, aus einer einzigen Perle (wo bekommt Gott solche Perlen her?), die Tag und Nacht offen stehen, also eigentlich nur dekorativen Zwecken dienen. Die Mauer besteht aus reinem Jaspis, einem mineralischen Edelstein, der durch verschiedene Zusammensetzungen in den unterschiedlichsten Farbtönen vorkommt oder von Farbadern und Farbverläufen durchzogen wird.

In dieser Stadt gibt es keinen Tempel mehr wie noch im jetzigen Himmel, Gottes Majestät wird nicht mehr abgeschirmt. Mitten in dieser Stadt ist der Thron unseres Gottes und seines Sohnes Jesus Christus. Von ihnen geht solch eine Herrlichkeit aus, dass die ganze Stadt davon durchflutet wird, ja sogar die Menschen auf der Erde werden noch das Leuchten sehen. Johannes sagt, dass ihr Lichtglanz dem köstlichsten Edelstein gleicht und kristallhell ist. Überall in dieser Stadt wird Licht sein. Die Sonne kann man dann in der Stadt gar nicht mehr sehen, weil es so hell sein wird. Am Tag kann man ja auch keine Sterne sehen, obwohl sie scheinen.

Gleichzeitig gilt: Die Gegenwart Gottes ist wichtiger im neuen Jerusalem als die Beschreibung einer Stadt als Wohnort. Die Nähe zu Gott ist unser Zuhause.

Die Braut Christi

Diese Stadt muss ungeheuer schön und himmlisch sein. Aber wenn wir die Beschreibungen in Offenbarung 21 und 22 lesen, dann bekommen wir den Eindruck, dass hier nicht nur von einer Stadt die Rede ist. Johannes spricht vom neuen Jerusalem, zubereitet wie eine Braut, die für ihren Mann geschmückt ist. So redet man doch nicht von einer Stadt! Der Engel will ihm die Braut des Lammes zeigen, und er zeigt ihm Jerusalem, eine Stadt. Die Grundsteine der Mauer bestehen aus zwölf Edelsteinen, und auf ihnen stehen die Namen der zwölf Apostel. Auf den zwölf Perlentoren befinden sich die Namen der Stämme Israels.

> Manch eine gestandene Ehefrau würde gern wieder so geliebt werden wie am Tag ihrer Hochzeit. Für Jesus bleiben wir für immer seine Braut, die er auf Händen trägt.

Ich glaube, dass das neue Jerusalem nicht nur eine Stadt ist, sondern aus uns besteht, aus den Gottesmenschen, die Jesus erlöst hat. Wir sind das neue Jerusalem und wir bewohnen das neue Jerusalem. Wir sind die Braut Christi, die Menschen, die von ihm geliebt werden und die für immer in seiner Gegenwart leben dürfen. Die Herrlichkeit, die wir ausstrahlen, wird so sein wie bei einer Braut, die für ihren Bräutigam geschmückt ist. Keiner von uns wird die Herrlichkeit dieser Stadt trüben. Im Gegenteil, wir werden ihr Schmuck und ihre Pracht sein. Es geht letztendlich gar nicht um diese Stadt, sondern um die Menschen, die an Jesus geglaubt haben. Und wenn die Bibel von dem neuen Jerusalem spricht, dann merkt man an dem zärtlichen Ton, dass Stadt und Menschen, die von Jesus geliebt werden, zu einem Ganzen verschmelzen. Der Himmel ist der Ort, wo Jesus mit seiner Gemeinde ist. Und umgekehrt: Wo wir sind, als Braut Christi, da ist der Himmel! Es geht bei dieser Stadt meiner Ansicht nach nicht so sehr um eine Lebensform, es geht nicht um die Wohnqualität, es geht nicht um städtebauliche Überlegungen, sondern es geht um Braut und Bräutigam.

Gott wohnt bei den Menschen

Ein wesentliches Merkmal dieser Stadt ist allerdings auch, dass Gott seinen Wohnsitz verlagert hat. Gott will nicht mehr in seinem Himmel wohnen, in einer unsichtbaren Welt, wo kein Mensch hinkommen kann (1. Timotheus 6,16), umgeben von ausschließlich himmlischen Wesen. Gott möchte bei den Menschen wohnen.

In Amerika suchen sich manche Leute ja kein neues Haus, wenn sie umziehen, sondern sie packen ihr Haus auf einen Sattelschlepper und bringen es an ihren neuen Wohnort. Sogar ganze Kirchen ziehen auf diese Weise um. Auf vergleichbare Weise nimmt Gott seinen unmittelbaren Wohnort im Himmel – er braucht gleich eine große Stadt – und zieht damit auf die Erde (Offenbarung 21,2). Ich glaube nur, dass er dafür keinen Sattelschlepper benötigt. Es muss unvorstellbar schön sein, wenn die himmlische Welt in die irdische Atmosphäre eintritt, wenn Gottes Herrlichkeit den Menschen entgegenstrahlt.

Gott hält es nicht in seinem Himmel, er möchte bei uns sein. Deshalb hat er schon seinen Sohn auf diese Erde geschickt, um uns mit ihm zu versöhnen, damit wir zu ihm kommen können. Den ewigen herrlichen Gott verlangt es nach uns Menschen. Er will nicht ohne uns leben. Das ist für mich das größte Wunder.

Ich war als Streetworker in „meiner" Stadt in Süddeutschland unterwegs. Es war um die Mittagszeit, eine etwas heikle Zeit, weil viele Schüler nun Mittagspause hatten oder nach Hause wollten. Da, wo viele Jugendliche aufeinanderprallten, gab es normalerweise auch Konflikte, deshalb war ich besonders auf der Hut. Ich bog gerade in die Bahnhofsunterführung ein, als ich die Menge auch schon kochen sah. Es hatten sich zwei Lager von älteren Schülern gebildet, die jeweils ihren Vertreter anfeuerten. Wie zwei Kampfhähne gingen die beiden aufeinander los. Vernünftige Gespräche würden hier nichts bringen, denn die Gewalt war schon in vollem Gange und die Emotionen kochten. Also tat ich das Einzige, was ich tun konnte – außer zuschauen und den Krankenwagen rufen: Ich trat zwischen die beiden in der Hoffnung, dass sie mich nicht als Boxsack gebrauchen würden, wahrscheinlich hatten sie auch andere Waffen dabei als nur ihre Fäuste. Ich drehte mein Gesicht dem zu, den ich für den Gefährlicheren hielt. Es war einer von „meinen" Jungen, mit denen ich arbeitete. So wusste ich, dass schon einige Straftaten auf sein Konto gingen. Ich redete auf ihn ein und versuchte ihn zu beruhigen. Ich musste den Blickkontakt zwischen den beiden unterbrechen, denn sie waren völlig aufeinander fixiert und nahmen mich gar nicht wahr. Zum Glück bin ich ziemlich kräftig gebaut und konnte mich dazwischenschieben. Ich befahl dem fremden Jungen, sich so schnell wie möglich zu verziehen, und hielt meinen Jungen mit den Augen in Schach. So gelang es, den Streit zu deeskalieren. Es wäre nicht gelungen, ohne selbst in die Schusslinie zu geraten und sich zum Ziel zu machen.

Es ist und bleibt das Wesen Gottes, dass es ihn zu seinen Menschen treibt, die ohne ihn nicht leben können.

Bei Jesus ging es nicht so glimpflich ab. Als er in den Riss getreten ist, da hat es ihn das Leben gekostet. Er konnte Gottheit und Menschheit nur versöhnen, indem er selbst zum Opfer wurde. Aber das ist seine Liebe zu uns, die ihn nicht im Himmel gehalten, sondern ihn auf die Erde getrieben hat. Deshalb will er seine Wohnung nicht im Himmel behalten, sondern möglichst nahe bei den Menschen sein.

In dem neuen Jerusalem gibt es auch eine Hauptstraße, die direkt auf Gott zuführt. Und an dieser Straße fließt ein Fluss, der aus dem Thron Gottes entspringt. In diesem Fluss fließt das Wasser des Lebens, der Segen Gottes für die Menschen. Wie viele Menschen haben schon nach dem Heiligen Gral gesucht, dem sagenumwobenen Kelch, aus dem Jesus beim letzten Abendmahl getrunken haben soll? Heilsame, Leben schaffende Kräfte wurden ihm nachgesagt, durch einen Schluck aus diesem Becher sollten Sterbende zu neuem Leben erwachen. Um an diesen Gral zu kommen, wurde getötet und das eigene Leben aufs Spiel gesetzt, nur gefunden hat ihn niemand. Und jetzt lässt Gott sein Lebenswasser in vollen Strömen fließen (Offenbarung 22,1). Es ist diesmal nicht nur eine Legende, das ist pure Realität. Die Menschen auf der Erde können kommen und davon trinken, sich praktisch unbegrenzt neues Leben schenken lassen, ohne einander dafür umbringen zu müssen. Es gibt das Wasser des Lebens umsonst und für jeden.

An diesem Fluss wachsen Bäume, wie eine Allee wachsen sie auf beiden Seiten (Offenbarung 22,2). Es ist der Baum des Lebens, den wir aus dem Garten Eden kennen. Jeden Monat trägt er Frucht. Für die Menschen sind die Blätter des Baumes, sie haben heilsame Wirkung. Menschen, die mit diesen Blättern in Berührung kommen, werden von ihren Beschwerden geheilt. Gott hält nichts zurück von seinen Segnungen. Fast nebenbei erfahren wir, dass es zwar keinen Sommer oder Winter in dieser Stadt gibt, aber sehr wohl Monate und Jahre. Ewigkeit ist also nicht einfach Abwesenheit von Zeit. Es ist erfüllte Zeit.

Gottes Volk

Wer von uns wird dann dabei sein? Johannes schreibt: „Wer überwindet, der wird es alles ererben!" (Offenbarung 21,7; LUT). Diese Eigenschaft wird in der Offenbarung sehr häufig verlangt. Nur die Überwinder werden das Ziel erreichen. Das bedeutet erstens, dass es einen Widerstand gibt, den man überwinden muss. Das Leben als Christ auf dieser Erde ist noch nicht der Himmel. Wir haben mit Herausforderungen zu kämpfen, mit Rückschlägen, mit Anfechtungen und Niederlagen. Wir müssen vielleicht durch schweres Leid gehen, um das Ziel zu erreichen. Das Ziel liegt auf alle Fälle hinter dem Widerstand und ist auf keinem leichteren Weg einzunehmen.

Zum Zweiten bedeutet diese Aussage, dass es Menschen gibt, die nicht überwinden werden und daher von dieser fantastischen Welt ausgeschlossen werden. Für mich zählt das zu den schlimmsten Entwicklungen, wenn jemand, der einmal mit Jesus angefangen hat, einfach alles hinwirft und doch lieber den leichteren Weg geht. Wenn andere Dinge uns nach und nach von unserem Ziel abbringen, wenn wir zur Sünde verführt werden und nicht wieder aufstehen und neu anfangen wollen, wenn falsche Erwartungen uns an Gott zweifeln lassen, dann kann es dazu führen, dass wir keine Überwinder mehr sind. Es muss aber nicht! Wir können heute umkehren und neu anfangen. Wir können heute die ausgestreckte Hand Gottes neu ergreifen.

Zum Dritten dürfen wir wissen, dass es sich lohnt. Die Überwinder sind die Kinder Gottes, die alles von ihm erben werden: die ganze himmlische Herrlichkeit, das neue Jerusalem. Aber nicht nur das. Gott wird sich uns ganz zuwenden. Zu dieser Zeit ist der gegenwärtige Himmel längst Geschichte, das Tausendjährige Reich ist vorbei, das lange Endgericht liegt hinter uns, aber immer noch nimmt Gott sich Zeit, unsere Tränen zu trocknen, unseren Lebensdurst zu stillen, Leid, Geschrei und Schmerzen vergessen zu machen (Offenbarung 21,4). Die Formulierung hier lässt darauf schließen, dass wir auf Gottes Schoß sitzen und uns an seine Brust lehnen dürfen, seine Gegenwart genießen. Das ist Himmel!

Kapitel 8

Das Preisgericht –
der kleine Unterschied

Die Menge hörte Jesus zu. Und er erzählte ihnen ein Gleichnis; denn da er nahe bei Jerusalem war, glaubten sie, dass das Reich Gottes nun anbrechen würde. Er sagte: „Ein vornehmer Mann wurde in ein fernes Land gerufen, um dort zum König gekrönt zu werden. Danach wollte er wieder zurückkehren. Vor seiner Abreise rief er zehn Diener zu sich und gab ihnen zehn Pfund Silber, mit denen sie in seiner Abwesenheit handeln sollten. Aber sein Volk hasste ihn und sandte ihm eine Abordnung nach, um ihm sagen zu lassen, dass sie ihn nicht zum König haben wollten. Als er zurückkam, ließ der König die Diener kommen, denen er das Geld gegeben hatte. Er wollte erfahren, was sie mit dem Geld angefangen und welche Erträge sie erzielt hatten. Der erste Diener berichtete: ,Herr, ich habe die ursprüngliche Summe verzehnfacht!' ,Gut gemacht', rief der König. ,Du bist ein vertrauenswürdiger Diener. Du warst mit dem wenigen treu, das ich dir anvertraut habe; deshalb werde ich dich zur Belohnung als Statthalter über zehn Städte setzen.'"

Lukas 19,11–18

Wisst ihr denn nicht, dass wir eines Tages die Welt richten werden? Und wenn ihr die Welt richten werdet, meint ihr da nicht, solche Kleinigkeiten unter euch klären zu können? Ist euch nicht bewusst, dass wir Engel richten werden? Da solltet ihr doch in der Lage sein, gewöhnliche Streitigkeiten hier auf der Erde beizulegen.

1. Korinther 6,2–3

Verwalter

Da saßen sie also vor mir und machten eigentlich einen guten Eindruck. Drei Kinder, ein Mann und eine Frau erzählten von der schwierigen Situation, in die sie geraten waren, und von der Wohnung, aus der sie nun ausziehen mussten. Das Einkommen war angeblich gesichert und unser Haus, das zu vermieten war, die optimale Wohnung. Mein gutes Herz ließ mich „Ja" sagen. Ein großes Haus braucht eine Familie, die es mit Leben erfüllt. So unterschrieben wir den Mietvertrag und besiegelten damit unser Schicksal. Die kommenden zwei Jahre waren die Hölle. Keine einzige Mietzahlung, Kaution oder Nebenkosten bekamen wir zu sehen, und als die „Mietnomaden" endlich draußen waren, gab es einen erheblichen Renovierungsbedarf. Diese Erfahrung hat uns finanziell das Genick gebrochen, denn die Hypothek und die Kosten mussten weiter bedient werden.

In unserer Zeit hat das Wort „Verwalter" eine ganz neue Dimension bekommen. In Zeiten, wo untreue Haushalter Beträge von mehreren Tausend Milliarden Euro einfach vernichtet haben, wird der Wert von treuen Verwaltern auch in einer nachchristlichen Gesellschaft wieder ganz neu geschätzt. Warum ist die Treue von Haushaltern so ein wichtiges Thema? Weil man Haushalter nicht kontrollieren kann! Man überlässt ihnen eine Arbeit, die man selber nicht tun kann, weil man vielleicht nicht vor Ort ist oder weil man andere Aufgaben hat. Die Kontrollinstanzen sind auch keine echte Lösung, weil dort wieder Menschen sitzen, denen man vertrauen muss. Dann kann man sich auch gleich einen Verwalter holen, der das Vertrauen genießt.

Wer einen Verwalter einstellt, der muss loslassen können, der muss vertrauen können, der muss auch das Risiko aushalten, das damit verbunden ist, wenn man einem Menschen sein Hab und Gut anvertraut.

Gott handelt so mit uns. Der Himmel ist nicht einfach für alle Menschen, die dort aufgenommen werden, gleich. Die Bibel spricht von solchen, die gerade noch so gerettet werden und in der himmlischen Hierarchie zu den Letzten gehören. Es gibt aber auch solche, denen der himmlische Vater große Verantwortung anvertraut, weil sie sich hier im irdischen Leben bewährt haben. Wir müssen uns verabschieden von dem Gedanken an die gleichmachende Glückseligkeit und endlich begreifen, dass unser Leben hier weitreichende Konsequenzen bis in alle Ewigkeit hat. Wir sind Gottes Verwalter.

Verwalter Gottes

Ein Gleichnis, das Jesus erzählt, handelt von einem vornehmen Mann, der seinen Dienern Geld zur Verwaltung anvertraut, während er selbst in die Ferne zieht, um sich zum König krönen zu lassen (Lukas 19,11–27). In seiner Heimat ist er umstritten, sodass es gefährlich sein kann, sich seiner Gefolgschaft anzuschließen.

Diese Geschichte adelt uns als Nachfolger Jesu. Wir sind nicht nur Gottes Bodenpersonal, wir sind nicht nur seine Sklaven. Wir sind seine Verwalter. Wir genießen Gottes Vertrauen, dass wir mit dem, was er uns anvertraut hat, verantwortungsvoll umgehen. Das ist mehr, als uns jemals ein Mensch anvertraut hat.

Wir sind zu jeder Zeit Verwalter Gottes und das, was wir sind oder tun, hat Auswirkungen auf Gott und sein Reich.

Was sind die Aufgaben eines Verwalters? Ein Verwalter lebt von dem, was er verwaltet. Ein Verwalter setzt aber seine ganze Kraft und Weisheit nicht zu seinen eigenen Gunsten ein, sondern zum Gewinn des Besitzers. Er versucht, das Optimale für ihn herauszuholen. Es ist ein Job und doch mehr als das, es ist mehr eine Berufung als ein Beruf. Man braucht als Verwalter eine Menge Idealismus, um nicht der Faulheit oder der Gier zu erliegen und in der begrenzten Zeit ein Maximum an eigenem Gewinn für sich herauszuholen. Viele Verwalter erliegen der Versuchung zu denken: „Nach mir die Sintflut!"

Nun würden wir als Christen durchaus verstehen, wenn nur Pastoren und Evangelisten, Missionare und vollzeitliche Mitarbeiter Verwalter Gottes wären. Schließlich haben sie eine große geistliche Verantwortung für Gottes Sache auf dieser Erde. Jesus macht dagegen deutlich, dass es zwar Unterschiede in der Größe der Verantwortung gibt, dass aber jeder, der zu Gott gehört, ein Verwalter ist. Deshalb ist es nicht egal, was wir tun oder lassen. Deshalb ist es immer wieder wichtig zu fragen: Was dient Gottes Sache?

Die Schlussrechnung

Am Schluss kommt die große Abrechnung. Es geht nicht nach der Devise: „Ich habe mir die Hand mit der Autotür eingeklemmt, was habe ich heute falsch gemacht?" Autotüren gehen einfach mal im falschen Moment zu. Die Abrechnung kommt am Schluss, wenn man das Ganze übersehen und nicht nur eine momentane Kursschwankung beobachten kann. Aber dann ist das Ergebnis unwiderruflich, dann kann nicht mehr nachjustiert werden, dann gibt es keine Entscheidung, die zurückgenommen werden kann.

Da mag es noch manche Überraschung geben, wenn man sich auf einmal im Lichte Gottes sehen kann. Aber bei den Verwaltern in diesem Gleichnis hält sich die Überraschung in Grenzen. Jeder weiß, was er getan hat und auf welches Ergebnis er sich einstellen muss. Und vielleicht geht es uns manchmal ähnlich, dass wir insgeheim wissen, wie treu wir mit Gottes Gaben umgegangen sind. Vielleicht sehnen wir uns deshalb auch nicht immer von ganzem Herzen danach, dass unser Herr bald wiederkommt.

Die Überraschung liegt auf einer anderen Ebene. Bei dieser Schlussabrechnung gibt es keine Gewinnbeteiligung oder eine

Provision, es folgt nicht der wohlverdiente Ruhestand, sondern ein neuer Auftrag. Diejenigen, die das Geld ihres Herrn gut verwaltet haben, die bekommen nun Macht über Land und Leute. Der neu gekrönte König macht sie von Verwaltern seines Eigentums zu Mitregenten seines Reiches, zu Teilhabern des Besitzes. Wenn die Diener das vorher gewusst hätten, dann hätten sie sich sicher noch viel mehr Mühe gegeben.

Als Verwalter Gottes geht es für uns nicht nur um ein bisschen „Provision". Gott möchte wissen, wem er etwas anvertrauen kann.

Wir wissen, was kommt, und können uns darauf einstellen. Jesus wird uns einmal zu seinen Mitregenten machen. Er will seine Macht mit uns teilen. Zu seinen Jüngern hat er gesagt, dass sie auf zwölf Thronen sitzen und mit ihm regieren werden. Und zu uns sagt er, dass wir die Welt und die Engel richten werden. Deshalb hat jede Entscheidung, die wir hier treffen, Auswirkungen auf die Ewigkeit. Es ist eben nicht egal, womit wir unser Leben verbringen. Es ist so, als würden wir am Strand entlanggehen und hübsche bunte Steine sammeln, die wir am Abend nach Hause brächten. Aber wir sind wie Robinson Crusoe auf einer einsamen Insel und hätten lieber ein paar Fische für das Abendessen fangen sollen. Das Leben auf dieser Erde ist schön und es gibt viele wunderbare Dinge, die wir genießen könnten. Aber dieses Leben ist vergeblich gelebt, wenn wir nicht auch seine Bedeutung für das ewige Leben sehen und entsprechend verantwortungsvoll damit umgehen. Das mag uns manchmal anstrengend vorkommen, aber es lohnt sich auf alle Fälle.

Das Preisgericht

Die Bibel sagt uns, dass wir Priester und Könige sein werden, Richter und Herrscher. Unser König, Jesus Christus, wird uns an seiner Herrschaft beteiligen. Wir werden also einen Teil dessen tun, was Jesus tun wird. In unserem Glaubensbekenntnis sprechen wir: „Er sitzt zur Rechten Gottes, des allmächtigen Vaters." Jesus ist der rechte Arm Gottes und wir sind sein rechter Arm. Wir sind jetzt schon Könige und Priester, aber wir regieren noch nicht. In der Politik nennt man das „designiert". Man hat schon das Amt, kann es aber noch nicht antreten, weil es noch keine offizielle Ernennung gegeben hat. Aber Jesus wird wiederkommen und uns zu sich holen, und dann wird es im Himmel die offizielle Verteilung der himmlischen Aufgaben geben. In einem Preisgericht, ähnlich wie beim Sport, wird unser Lebenswerk beurteilt. Dabei geht es allerdings dann nicht nach Leistung und Ergebnis, sondern die Motivation ist das Ausschlaggebende. Nicht nur die Taten zählen, die wir vollbrachten, sondern auch die Möglichkeiten, die wir gehabt haben, nicht nur, was wir waren, sondern auch, was wir hätten sein können. Nicht nur unsere Handlungen sind von Bedeutung, sondern auch die Unterlassungen, nicht nur, was wir erreichten, sondern auch, was wir erstrebten. Von unseren Werken gelten vor allem die Opfer, von unserer Gesinnung nur selbstlose Liebe. Gott hat ganz andere Maßstäbe, nach denen er uns beurteilt, aber sie sind uns jetzt schon bekannt.

Himmlische Orden

Dazu gibt es aber noch besondere Auszeichnungen. Die Bibel spricht von Kronen, die auf uns warten. Im griechischen Grundtext steht hier jeweils das Wort *stephanos*. Dieser Begriff meint den Siegeskranz, den ein Sportler als Auszeichnung bekommen konnte. Auch Kriegsherren und Könige konnten ihn tragen. Cäsar wird zum Beispiel oft mit solch einem Lorbeerkranz abgebildet. In der deutschen Sprache wird der Siegeskranz deshalb meistens mit Krone übersetzt, er könnte aber auch Medaille oder Orden meinen. Auf alle Fälle ist es eine für andere Menschen sichtbare Auszeichnung. Solche Auszeichnungen gibt es im Himmel für Menschen, die sich besonders bewährt haben. Fünf solcher Kronen werden im Neuen Testament erwähnt.

Die *Krone des Lebens* wird den Gläubigen versprochen, die besondere Anfechtungen erdulden mussten, die besonders schweres Leid zu ertragen hatten (Jakobus 1,12; LUT). Auf dieser Erde erscheinen uns Leid und Schwierigkeiten fast immer sinnlos. Wir betrachten sie als Hindernisse auf dem Weg zu einem erfüllten, glücklichen Leben. Manchmal legen wir uns als Christen eine missionarische Bedeutung von Leiden zurecht, wenn wir dadurch für andere Menschen zum Wegweiser werden. Aber nicht der Ertrag adelt das Leiden. Auf der himmlischen Werteskala verdienen Menschen, die besonders leiden mussten, auch eine außergewöhnliche Auszeichnung. Es gibt kein sinnloses Leid, wenn wir auf das Ziel schauen! Wenn Sie sich bisher gefragt haben, warum ausgerechnet Sie so leiden müssen, vielleicht dadurch sogar am Dienst für Gott gehindert werden, dann gibt es oft keine Antwort auf das „Warum?", aber die Frage nach dem „Wozu?" beantwortet Jakobus: Leiden „verdient" eine Auszeichnung. Es gibt kein vergebliches Leid für einen Christen, Gott wird auf unser Leiden reagieren.

Für die siegreichen Kämpfer, die bis zum Ende nicht nachlässig werden, gibt es die *Krone der Gerechtigkeit* (2. Timotheus 4,8; LUT). In alten Zeiten gab es manchmal Menschen, die sich erst kurz vor ihrem Tod taufen ließen, damit sie, ohne noch einmal zu sündigen, in die Herrlichkeit gehen konnten. Das ist natürlich eine seltsame Form des Perfektionismus. Aber auch in unserer Zeit gibt es die Ansicht, dass es doch am besten wäre, erst kurz vor dem Tod zum Glauben zu kommen, damit die lange Bewährungszeit wegfällt. Deshalb wartet auf die Gläubigen, die vom Anfang bis zum Ende ihres Lebens in engem Kontakt mit Jesus geblieben sind, eine große Auszeichnung. Dabei geht es nicht um ein sündloses Leben, sondern um den Mut, nach jedem Fallen wieder aufzustehen und weiterzugehen. Es geht darum, sein Leben als Christ nicht mit Kompromissen so komfortabel wie möglich zu gestalten, ohne gleich vom Glauben abzufallen. Es geht darum, immer so nah wie möglich bei Jesus zu bleiben. Das ist ein Kampf, aber einer, den wir mit Gottes Hilfe gewinnen können und den Gott belohnen wird.

> Gott sehnt sich nach Menschen, die mit ganzer Hingabe den Kampf aufnehmen, die bereit sind, alles zu opfern für ihren Herrn, der sich für sie geopfert hat.

Für diejenigen, die um Jesu willen besonderen Verzicht geübt haben, steht ein „unvergänglicher Kranz" bereit (1. Korinther 9,25; LUT). Askese steht heutzutage wieder voll im Kurs. Das einfache Leben, der Verzicht auf bestimmte Dinge, ist eine willkommene Abwechslung zum Stress der materialistischen Welt. Allerdings ist dieser Verzicht eine Luxusaskese. Der Verzicht gibt auch wieder nur einen neuen Kick im Leben der Menschen, die sich im Wohlstand langweilen. Die Askese soll das Glücksgefühl bringen, das wir in materiellen Dingen vergeblich gesucht haben. Das, wovon Paulus hier spricht, ist ein ganz anderer Verzicht. Wie ein Sportler sich nur auf eine Aufgabe konzentriert und auf alles verzichtet, was ihn von diesem Ziel abbringt, so verzichtet der Nachfolger Jesu auf alles, was ihn von dem himmlischen Ziel ablenkt. Wie weit der Verzicht geht und auf was er sich erstreckt, ist sicher bei jedem Gläubigen unterschiedlich, aber ganz ohne Verzicht wird es nicht gehen. Das erwartet Jesus von jedem seiner Jünger (Lukas 14,25–33). Und doch gibt es einige, die besonders viel um Jesu willen aufgeben. Vielleicht ist es eine glänzende Karriere oder der Verzicht auf materielle Güter. Vielleicht geben einige Heimat und Freundschaften auf, andere lassen Sicherheit und Geborgenheit zurück. Im Blick auf das himmlische Ziel lohnt sich auch die größte Investition.

Auf diejenigen, die um Jesu willen leiden und sterben müssen, wartet die *Krone des Lebens* (Offenbarung 2,10). Im April 2007 wurde Tilmann Geske in der Türkei wegen seines Glaubens an Jesus ermordet. Er gilt als christlicher Märtyrer der heutigen Zeit. Ich habe mit ihm zusammen studiert und kann sagen, dass er für mich nicht den typischen Märtyrer darstellte. Er hatte keinen Heldennimbus, keine heroische Aura, er war eher der stille, zurückhaltende Mensch. Jemand, der diente und sich gut anpassen konnte. Normalerweise würde man sich einen Märtyrer ganz anders vorstellen, mit einer inbrünstigen Leidensbereitschaft oder einem unerschütterlichen Glauben, aber Tilmann war ein ganz normaler Mensch mit Höhen und Tiefen, mit Zweifeln und Ängsten. Und trotzdem konnte er im richtigen Moment mit Gottes Hilfe das Leid ertragen, das ihn das Leben kostete. Wie oft habe ich von Menschen die Aussage gehört: „Märtyrer könnte ich nie sein!" Dabei haben wir ein ganz bestimmtes Bild vor Augen: entweder den „Stirb-langsam-Typ", der bis zum bitteren Ende niemals klein beigibt, oder den „Mahatma-Gandhi-Typ", der niemals aufbraust oder Widerstand leistet. Aber um Jesu willen zu leiden ist eine Verheißung, die zunächst einmal jedem Christen gilt. Sollte es bei uns nicht zutreffen, sind wir eine Ausnahme von der Regel. All die Märtyrer, die es bisher in der Geschichte des Christentums gegeben hat, waren keine großen Helden, sondern ganz normale Menschen wie Sie und ich. Sie konnten die große Herausforderung bestehen, weil Gott ihnen im richtigen Moment die Kraft gegeben hat, die sie brauchten. Durch diese Kraft haben sie die Angst besiegt und sind für uns zu Vorbildern geworden. Im Himmel wartet eine große Belohnung auf sie.

Die Ältesten, die gute Vorbilder im Glauben sind, bekommen die unvergängliche *Krone der Herrlichkeit* (1. Petrus 5,4; LUT). Die Leitung der Gemeinden wird heute zunehmend solchen Menschen anvertraut, die auch in dieser Welt als Führungskräfte gelten. Wir erliegen dem Irrtum, dass diese Leitungsaufgaben miteinander vergleichbar wären. Aber ein guter Ältester in der Gemeinde Jesu ist nicht der, der den Ton angeben kann, der weiß, wie man sich in Wirtschaft oder Politik behauptet, sondern derjenige, der ein Vorbild in der Nachfolge ist. Ein guter Ältester ist einer, der zunächst auf sich selbst achthat, sein eigenes Leben im Angesicht Gottes führt und in der Nachfolge bleibt und wächst. An ihm kann sich die Gemeinde orientieren. Er lebt vor, wie der Glaube in unserer Welt gelebt werden kann. Wer schon einmal in der Gemeindeleitung gedient hat, der weiß, wie schwer das tatsächlich umzusetzen ist. Immer wieder erliegen wir der Versuchung, Macht zu missbrauchen, für uns selber andere Maßstäbe zu setzen oder zu schmollen, wenn wir nicht das Maß aller Dinge sind. Ein vorbildlicher Ältester ist vor allem eins: ein Nachfolger Jesu, der sein Leben für seinen Herrn investiert. Solche Älteste werden im Himmel besonders ausgezeichnet.

> In der Gemeinde Jesu gibt es eine Hierarchie, wie Jesus sie vorgelebt hat, als er seinen Jüngern die Füße gewaschen hat.

Für die Menschen, die an der Gemeinde Jesu bauen, gibt es auch eine gesonderte Beurteilung, wie Paulus in 1. Korinther 3,12–17 beschreibt. Aufgrund ihrer hohen Verantwortung schaut sich Gott die Arbeit der Ältesten und Verkündiger besonders streng an. Da wird es dann solche geben, die reich belohnt werden, aber auch solche, die Schaden erleiden, wenn sie der Gemeinde Jesu Schaden zugefügt haben. Es ist sein heiliger Tempel, an dem Menschen mitbauen oder den sie einreißen, das kann Gott nicht egal sein.

Gottes Werte sind anders

An dieser Aufzählung merken wir schon, dass Gottes Werte ganz anders sind als unsere. Wenn wir von Gaben sprechen, die wir verwalten wollen, dann sind das vor allem Geld, Einfluss, Intelligenz und Fähigkeiten. Dementsprechend ist die bevorzugte Gemeindeklientel in unserer Zeit der akademische Mittelstand. Denn selbst in unseren Gemeinden herrscht der Grundsatz: „Wer etwas leistet ist etwas wert." Die Armen, die Schwachen, die Kranken, die Verachteten, sie werden mitgetragen, aber die Säulen der Gemeinde sind die Begabten, die Gesunden, die Reichen, die Intelligenten. Wer so Gemeinde baut, hat tatsächlich aufs falsche Pferd gesetzt.

Vielleicht liegt es auch daran, dass uns Äußerlichkeiten so wichtig sind. Ein tolles Gemeindezentrum, ein mitreißendes Anbetungsteam, ein Prediger, der Rang und Namen hat, ein Kinderprogramm mit eigenem Theater-, Worship- und Technikteam. Die Merkmale der ersten Gemeinde sehen etwas anders aus: „Sie schlossen sich den anderen Gläubigen an, unterstellten sich der Lehre der Apostel und der Gemeinschaft und nahmen teil am Abendmahl und am Gebet" (Apostelgeschichte 2,42). Ihre herausragende Missionsmethode war die Liebe. Christen sollten sich immer wieder die Fragen stellen: Sind unsere Werte und Ziele noch die richtigen? Könnten wir auch mit einer Gemeinde arbeiten, die aus lauter armen und schwachen Menschen besteht? Welche Menschen hat Jesus eigentlich um sich geschart?

> Christen sollten sich immer wieder die Fragen stellen: Sind unsere Werte und Ziele noch die richtigen?

Auf einer Tagung von Pastoren meinte einmal ein Kollege im Scherz, er würde um fünf Millionäre in seiner Gemeinde beten. Von deren Gaben könnte eine Gemeinde leben. Sein Gebet wurde nicht erhört. Aber was hätte es gebracht? Was wären die Gaben dieser Menschen wert gewesen? Wären sie gute Verwalter geworden? Gott bewertet nicht das, was wir geben, sondern das, was wir behalten.

Jesus setzte sich einmal einem Opferkasten gegenüber und beobachtete die Leute, die ihre Gaben für Gott dort hineinwarfen. Viele Reiche gaben beträchtliche Summen, dann kam eine arme Witwe, die nur zwei kleine Münzen in den Opferkasten legte. Aber Jesus machte seinen Jüngern klar: Die kleine Gabe der Witwe am

Opferkasten war viel mehr wert als die großzügigen Spenden der Reichen, die nur einen kleinen Teil ihres Vermögens gegeben hatten, denn die Witwe behielt nichts zurück, während die Reichen durch ihre Gabe von ihrem Überfluss abgegeben haben (Markus 12,41–44). Ein Reicher müsste sich schon von seinem Reichtum trennen, wollte er wirklich einen Schatz im Himmel haben (Matthäus 19,21). So sagte es Jesus zu dem sogenannten reichen Jüngling. Der war zu ihm gekommen und fragte, was er tun müsse, um gerettet zu werden. Er hatte ein vorbildliches Leben, aber er wollte sich nicht um Jesu willen von seinem ganzen Reichtum trennen. Und Jesus machte deutlich: Man kann nicht beides haben, einen Schatz im Himmel und einen Schatz auf der Erde. Deshalb haben es die Reichen so schwer, in den Himmel zu kommen.

Jakobus schreibt sogar in seinem Brief über Reiche, die an Jesus glauben und in der Gemeinde leben, dass sie über ihren Zustand weinen und klagen sollen (Jakobus 5,1). Reichtum ist kein Segen, sondern eine schwere Last, denn es ist fast unmöglich, sich dem zu entziehen, was der materielle Besitz mit einem Menschen macht.

Genauso geht es natürlich den Menschen, die berühmt und angesehen sind, die Einfluss in dieser Welt haben. Wie gerne hätten wir bekannte Persönlichkeiten in unseren Gemeinden, Christen in der Politik, Christen als Popstars, Christen in der Wirtschaft, Christen in den Medien. Aber wenn wir ehrlich sind, ist es schwierig, seinen Auftrag als Christ ernst zu nehmen und gleichzeitig berühmt und angesehen zu bleiben, weil Christen eben ganz andere Werte und Einstellungen propagieren als die Meinungsmacher dieser Welt. Wer ernsthaft und entschieden seinen Einfluss als Christ nutzt, und das wäre ein verantwortungsvoller Umgang mit seinen Gaben, der wird aus dem System entfernt. Deshalb wuchern viele angesehene und berühmte Christen nicht mit ihren Gaben, sie verstecken sie lieber.

Wir Menschen leben nach dem Grundsatz: „Ich würde, wenn ich könnte!" Viele Menschen sind einfach aus dem Grund nicht fremdgegangen, weil sie keine Gelegenheit dazu hatten. Viele

Menschen leben genügsam, weil sie nicht mehr Geld haben. Viele Menschen prahlen nicht mit dem, was sie sind, weil es nicht viel Grund zum Prahlen gibt. Viel anvertraut zu bekommen ist eine schwere Last, weil es dann echte Demut braucht, richtig mit der Verantwortung umzugehen. In der Versuchung Nein zu sagen, obwohl ich auch anders könnte, das ist wahre Größe. Deshalb ist es so schwer, reich zu sein. Nur wenige Menschen sind demütig genug, um dennoch genügsam zu sein, sich und ihren Besitz nicht zur Schau zu stellen. Es ist so schwer, berühmt zu sein, weil nur wenige demütig genug sind, um alles um Jesu willen aufs Spiel zu setzen. Mit großen Fähigkeiten begabt zu sein, kann deshalb eine Last sein, weil nur wenige demütig genug sind, verantwortungsvoll damit umzugehen.

Im Matthäusevangelium fragen die Jünger im Anschluss an die Geschichte mit dem reichen jungen Mann nach ihrem eigenen Ergehen. Sie haben alles verlassen, alles aufgegeben, und Jesus sagt ihnen zu, dass sie dafür eine himmlische Belohnung bekommen, die jede irdische Investition wert ist (Matthäus 19,27–30). Ein echtes Opfer bleibt nicht ohne Folgen. Aber wichtig ist auch, dass Petrus mit seinem Anliegen zu Jesus kommt und nicht damit vor anderen Leuten prahlt. Es ist die (fast vergessene) Tugend der anonymen Spenden, die uns vor Gott gut dastehen lässt. Das Motto „Tue Gutes und rede darüber!" lässt uns nur vor Menschen gut dastehen. Das sogenannte „Ehrenamt" ist oft nur für die eigene Ehre gut. Der Lohn im Himmel ist damit schon aufgebraucht (Matthäus 6,1–4). Das sogenannte „Social Sponsoring" ist gut für Menschen, die nicht an Jesus glauben und Gutes tun möchten. Sie brauchen die Bestätigung, dass sie auf dem richtigen Weg sind. Wer die himmlische Belohnung fest im Blick hat, der darf auf dieser Erde keine Bestätigung erwarten.

Lieber arm und verachtet als reich und berühmt

Für den Himmel gilt ein anderes Prinzip, hier gilt das Lebensmotto Jesu: „Lieber arm und verachtet als reich und berühmt!" Paulus fordert uns im sogenannten Christushymnus (Philipper 2,6–11) auf, die Gesinnung des Christus zu leben: „Wer sich selbst erniedrigt, der wird erhöht" (Matthäus 23,12; LUT). Das hat Jesus ausgelebt, als er die Herrlichkeit Gottes verlassen hat und Mensch wurde, als er sich für uns foltern und umbringen ließ, als er für uns durch die Hölle ging. Tiefer kann man nicht sinken. Jesus hat tatsächlich alles aufgegeben. Deshalb wurde er auch über alle Maßen erhöht, im Griechischen heißt es wörtlich „übererhöht". Der Weg führt durch Leiden zur Herrlichkeit. Das ist auch der Weg, der für uns gilt. Nur derjenige, der bereit ist, den Weg der Niedrigkeit zu gehen, wird von Gott erhöht und belohnt werden.

Wer die Gesinnung Jesu gelebt hat, der wird auch mit Christus erhöht. Je weniger von Jesu Gesinnung erkennbar war, desto weniger wird er erhöht.

Derjenige, der in dieser Welt reich und berühmt sein möchte, wird in der zukünftigen Welt nicht belohnt werden. Deshalb ist es besser, in dieser Welt arm und verachtet zu sein und zu den Letzten zu gehören und dafür in der zukünftigen Welt zu den Ersten zu zählen, wie Jesus es im Matthäusevangelium sagt (Matthäus 19,30). Und dennoch steht der Verzicht auf dieser Welt in keinem Verhältnis zu der Belohnung, die Gott für uns bereithält. Es ist ein kleines Opfer im Verhältnis zu dem Amt, das auf uns wartet.

Dann kommt der Tag, an dem Jesus sich mein Leben anschauen wird. Ihn interessiert nicht, wie toll oder wie mies ich mich selber fand. Ihn interessiert nicht die Meinung anderer Leute. Er schaut nach, wo in meinem Leben Jesus zu sehen war, was ihn verherrlicht hat. Er wird einen Filter über meinen Lebensfilm legen. Dieser Filter heißt: Liebe, Hingabe, Treue. Alles in unserem

Leben, was aus Liebe, Hingabe und Treue zu Jesus geschehen ist, wird dann zu sehen sein, alles andere ist wertlos für die Ewigkeit und wird herausgeschnitten (vgl. auch 1. Korinther 3,12–17). Und ich stehe daneben und hoffe, dass es keinen Kurzfilm gibt. Jesus schaut nach, was in meinem Garten des Lebens gewachsen ist, aufgegangen von dem Samen, den er ausgestreut hat: Liebe, Freude, Frieden, Geduld, Freundlichkeit, Güte, Treue, Sanftmut und Selbstbeherrschung (Galater 5,22). Ich musste ja nichts selber machen, ich hätte ihm nur Raum geben müssen in meinem Leben. Habe ich das immer und überall getan? Wie wird meine Beurteilung wohl ausfallen? Wird Jesus zu mir sagen: „Das hast du gut gemacht, du bist über wenigem treu gewesen, ich will dich über vieles setzen!" Oder wird es harsche Kritik geben?

Wie ist es bei Ihnen? Werden Sie eine Überraschung erleben, wenn Jesus auf Ihr Leben schauen wird?

Mitregenten Gottes

Wenn Jesus die Ämter verteilt hat, dann geht es zunächst um den Aufbau des Tausendjährigen Reiches auf dieser alten Erde. Jesus wird zeigen, was auf dieser Erde möglich gewesen wäre, wenn wir uns an seine Ordnungen gehalten hätten.

Danach wird der Teufel noch einmal freigelassen und wird die Menschen gegen Gott verführen. Jesus wird dem Ganzen ein schnelles Ende bereiten und Himmel und Erde einfach abschaffen. Alle Menschen, außer denjenigen, die auferstanden sind, werden dann vor dem großen weißen Thron erscheinen und nach ihren Taten gerichtet werden. Wir werden hinter dem Thron stehen. Wir werden Menschen und Engel richten, wir werden das Urteil über den Teufel fällen. Wir werden nicht vor dem Thron stehen, um gerichtet zu werden, sondern hinter dem Thron, um mit zu beraten.

140

Jeder von denen, die an Jesus glauben, wird nach seinen Gaben und Fähigkeiten, aber auch nach seiner Treue und Bewährung seine spezielle Aufgabe in Gottes neuer Welt bekommen. Derjenige, der auf der Erde besonders auf die Probe gestellt wird, wird für eine besondere Aufgabe vorbereitet. Gott liebt zwar seine Kinder, die Menschen, die an ihn glauben, aber sie werden nicht verwöhnt und verhätschelt, sondern besonders hart drangenommen, denn für die Aufgaben, die auf uns warten, braucht Gott bewährte Leute, auf die er sich verlassen kann. Deshalb sollten wir die harten Bewährungsproben des Lebens auch einmal in diesem anderen Licht sehen: in dem Licht der Ewigkeit.

> Wer sein Leben auf dieser Erde für Jesus investiert hat, der wird es auch in alle Ewigkeit tun.

Ich glaube, dass wir zum Teil unsere Neigungen und Fähigkeiten aus dem Menschsein behalten, dass wir immer noch das gerne tun, was uns hier Spaß gemacht hat. Gott hat sich mit unserer Erziehung so viel Mühe gemacht. Er hat unseren Charakter geformt, wenn wir es zuließen. Er hat uns Raum gegeben, unsere Gaben und Fähigkeiten zu erproben und zu erweitern. Er gab uns Aufgaben, an denen wir wachsen und reifen konnten. Diese Arbeit war für die Ewigkeit angelegt. Gott wird auf dem aufbauen, was er auf der Erde angefangen hat. Unsere Fähigkeiten werden von Gott veredelt, verherrlicht und für ihn eingesetzt. Deshalb bin ich mir sicher, dass die Aufgaben, die Gott für uns bereithält, uns große Freude machen werden, weil sie uns, unserer Persönlichkeit, unseren Gaben und Vorlieben entsprechen.

Diese Gaben sind auf Ergänzung angelegt, wir brauchen auch die anderen Gottesmenschen. Wir stehen nicht mehr in Konkurrenz zueinander, wir arbeiten an der gleichen Sache, an der Sache Gottes. Wir sind keine Einzelkämpfer, wir brauchen die Gemeinschaft, die erst die Bewältigung der gewaltigen Aufgaben möglich macht. Manchmal ist es doch geradezu lächerlich, wie wir auf dieser Erde als Gemeinde Jesu in Konkurrenz zueinander stehen, wie wir anderen Gemeinden den Erfolg missgönnen, weil wir selber dabei schlechter abschneiden könnten. Es ist grotesk, wenn wir uns innerhalb einer Gemeinde gegenseitig ausspielen, übervorteilen, den Rang streitig machen wollen. Es geht doch gar nicht um uns, es geht um Jesus. Was könnten wir erreichen, wenn wir uns gegenseitig bei unserem Auftrag helfen würden? Im Himmel wird genau das möglich werden. Unsere Fähigkeiten sind auf Wachstum angelegt. Wir wachsen mit unseren Aufgaben und an unseren Aufgaben. Wir lernen immer mehr dazu. Vollkommenheit im Himmel bedeutet auch Wachstum und Fortschritt auf hohem Niveau. Auf dieser Erde verstehen wir unter Vollkommenheit absolute Perfektion, die nicht mehr zu steigern ist. Und wenn wir ehrlich sind, dann gibt es keine Vollkommenheit, es geht immer noch besser. Besser wäre es, wenn wir Vollkommenheit „nach oben offen" definieren. Dann wachsen wir mit der Herausforderung, unser Potenzial wird immer größer. Aus jeder Aufgabe holen wir das Optimale heraus, aber die nächstgrößere Aufgabe wartet schon auf uns.

Kapitel 9

Todessehnsucht oder Angst vor dem Sterben?

Ich bin überzeugt: Nichts kann uns von seiner Liebe trennen. Weder Tod noch Leben, weder Engel noch Mächte, weder unsere Ängste in der Gegenwart noch unsere Sorgen um die Zukunft, ja nicht einmal die Mächte der Hölle können uns von der Liebe Gottes trennen. Und wären wir hoch über dem Himmel oder befänden uns in den tiefsten Tiefen des Ozeans, nichts und niemand in der ganzen Schöpfung kann uns von der Liebe Gottes trennen, die in Christus Jesus, unserem Herrn, erschienen ist.

RÖMER 8,38–39

Die Menschen sterben, weil alle mit Adam verwandt sind. Ebenso werden durch Christus alle lebendig gemacht und neues Leben empfangen. Es gibt aber eine Reihenfolge: Christus zuerst, und wenn er wiederkommt, dann die, die zu ihm gehören. Danach wird das Ende kommen, wenn er Gott, seinem Vater, das Reich übergeben wird, nachdem er alle seine Feinde vernichtet hat. Denn Christus muss herrschen, bis er alle seine Feinde unter seine Füße erniedrigt hat. Als letzter Feind wird der Tod vernichtet werden. (…)
Wenn dies geschieht – wenn unsere vergänglichen, irdischen Körper in unvergängliche, himmlische Körper verwandelt sind –, dann wird sich das Schriftwort erfüllen: „Der Tod wurde verschlungen vom Sieg. Tod, wo ist dein Sieg? Tod, wo ist dein Stachel?" (…) Wir danken Gott, der uns durch Jesus Christus, unseren Herrn, den Sieg über die Sünde und den Tod gibt!

1. KORINTHER 15,22–26.54–55.57

Angst vor dem Tod

Ein Missionar berichtet:

„Nach dem Versagen der heidnischen Zauberer hatten wir Missionare uns betend auf die Knie geworfen und rangen um das Leben des einzigen Häuptlingssohnes. Und er starb doch! Wir konnten es nicht verstehen. Nun war der stolze Häuptling nach der Erfolglosigkeit des Gebetes sicher endgültig für Christus verloren. Was für eine Niederlage Gottes! Aber zu unserem fassungslosen Erstaunen meldete sich der Häuptling einige Wochen später zur Taufe. Seine Begründung machte uns sprachlos: ,Ich bin ein großer und starker Mann und habe doch solche furchtbare Angst vor dem Tod. Und mein Junge war ein so schwaches, kleines Kind und ist mit einem Lächeln auf den Lippen gestorben. Das muss ein starker Herr sein, zu dem ihr gehört, wenn er die Furcht vor dem Tode fortnehmen kann. Zu ihm will ich gehören.'"

Der Tod ist nicht natürlich

Die Angst vor dem Tod ist etwas völlig Normales. Sie gehört zu unserem Menschsein untrennbar dazu. Nur in wenigen Ausnahmefällen, wenn die Angst vor dem Leben größer wird als die Angst vor dem Tod, wird sie unnatürlich verdrängt. So hat es zum Beispiel der christliche Liederdichter Jochen Klepper im Dritten Reich empfunden, der mit einer Jüdin verheiratet war und seinem Leben selbst ein Ende gesetzt hat, bevor ihn Hitlers Geheimpolizei abholen konnte.

Aber von der Schöpfung her hat uns Gott nicht zum Sterben gemacht, sondern zum Leben. Der Tod ist erst als Fluch in das Leben eines jeden Menschen gekommen, als Folge des Sündenfalls. Deshalb ist der Tod etwas Unnatürliches, und entgegen jeder anderen Behauptung gehört er nicht einfach zum Leben dazu.

Sterben ist nicht etwas ganz Natürliches, wie manchmal leichtfertig eingeworfen wird. Der Tod ist wie ein Stachel, der im Fleisch sitzt und vereitert, weil der Körper ihn als Fremdkörper empfindet und abstößt. Deshalb kennen wir einen Todeskampf. Weder unser Körper noch die Seele können den Tod einfach akzeptieren, sie lehnen sich dagegen auf, bis sie von ihm überwunden werden.

Der Tod ist der brutale Zerstörer allen Lebens, dem man gehörig in den Hintern treten sollte.

Wenn wir also Angst vor dem Tod haben, wenn wir ihn als etwas Schreckliches oder Scheußliches empfinden, dann ist das eine gesunde Empfindung! Der Tod ist ein Feind, und vor Feinden sollte man sich fürchten. Und wenn manchmal der Tod als Erlösung empfunden wird, dann liegt das daran, dass vorher schon ein Sterben auf Raten begonnen hat, dass der Tod vielleicht schon lange sein zerstörerisches Werk tut. Dabei ist es fast unerheblich, ob davon mehr die Seele oder der Körper betroffen ist. Der Tod ist nicht der sanfte Gevatter, der die Seelen entschlafen lässt.

Der Tod ist besiegt

Gott sei Dank hat jemand dem Tod gezeigt, wo es langgeht. Durch das Leiden und Sterben von Jesus, durch seine Auferstehung an Ostern ist der Tod ad absurdum geführt worden. Der Tod ist nicht mehr endgültig, der Tod hat keine Hände mehr, dem Tod wurde sein Giftzahn gezogen. Natürlich kann uns der Tod noch erschrecken, genauso wie eine Schlange, die uns begegnet, selbst wenn wir merken, dass es keine giftige ist. Natürlich wird uns der Tod noch Angst machen, aber vielleicht keine Todesangst mehr. Der Tod hat keine Macht mehr, Menschen auf ewig festzuhalten.

Und es kommt sogar noch besser: Der Tod muss irgendwann selber sterben. Der Tod und das Totenreich werden abgeschafft, es wird sie in Gottes neuer Welt für uns einfach nicht mehr geben (Offenbarung 21,4). Sie sind kein Bestandteil des Lebens mehr. Im Prinzip ist der Tod nicht mehr als eine schlechte Zwischenlösung, die sich leichter ertragen lässt, wenn man weiß, dass es bald schon anders sein wird. Unsere Jüngste hat früher bei unangenehmen Sachen immer laut gejammert: „Gleich vorbei, gleich vorbei!" Mit diesem Trost konnte sie es besser ertragen.

Die Todesanzeige für den Tod ist schon geschrieben, er weiß es nur noch nicht.

Der Tod ist immer noch ein Feind, aber ein besiegter Feind. Zu besiegten Feinden hegt man auch nicht gleich ein freundschaftliches Verhältnis, man geht sich immer noch aus dem Weg und hat Achtung vor dem ehemaligen Gegner. Aber man weiß irgendwann: Eigentlich kann er mir nichts mehr tun. Ich muss ihn nicht mehr fürchten.

Es ist normal, wenn wir für den Tod immer noch keine freundschaftlichen Gefühle hegen, wenn wir ihn nicht als Normalität empfinden wollen und können. Aber wir sind mit dem verwandt, der den Tod das Fürchten gelehrt hat. Wir sind Brüder und Schwestern von Jesus. Wir müssen keine Todesangst mehr haben. Wir sind an seiner Herrschaft beteiligt, wir sind daran beteiligt, den Tod abzuschaffen. Wir sind die neuen Herren, weil Jesus uns dazu gemacht hat. Vielleicht fühlen wir uns nicht so, aber Gefühle entsprechen nicht immer den Tatsachen.

Der Tod ist das Tor zum Himmel

Alles entscheidend für die Schrecklichkeit des Todes ist aber doch die Frage, was danach kommt. Nach der Lektüre dieses Buches wissen Sie, dass der Tod nur ein Durchgang ist, wie ein Tor oder ein langer Hausflur.

Vor Kurzem war ich in einem Hochhaus im 12. Stock zu Gast. Da musste man unten klingeln, der Gastgeber kam mit dem Fahrstuhl heruntergefahren und holte uns ab, weil man für den Fahrstuhl einen Schlüssel braucht. Oben angekommen wurden wir dann in die Wohnung geführt. Die Überraschung war natürlich nicht so riesig, weil man ja in etwa weiß, wie so eine Wohnung aussieht, auch wenn sie im 12. Stock liegt.

Aber trotzdem habe ich mich an den Tod erinnert gefühlt. Wenn wir sterben müssen, dann schickt Gott uns einen Engel, der uns hier abholt und in die neue Welt bringt. Wir müssen diesen schweren Gang nicht alleine antreten. Bei allem, was wir zum ersten Mal machen, fühlen wir uns unsicher, und Sterben ist immer etwas, das wir zum ersten Mal machen. Deshalb bekommen wir einen Engel an die Seite, der sich bestens auskennt, auf den wir uns hundertprozentig verlassen können (Lukas 16,22). Beschwerlich kann es also nur sein, bis wir durch sind, bis der Tod durchlebt wurde, dann wird es sehr komfortabel. Welcher Gastgeber trägt uns schon über die Schwelle?

Nach dem Tod kommt der Himmel

Und doch ist das nur der Durchgang. Das Schönste kommt danach. Nach dem Tod kommt der jetzige Himmel, in dem Gott wohnt. Dann werden wir bei Gott sein, dann werden wir Freude erleben, die es auf der Erde so gar nicht gibt. Wir brauchen immer einen Kick, um uns freuen zu können: großen Erfolg, eine schöne Sache, ein tolles Erlebnis. Dort gehört Freude zur Luft, die wir einatmen, sie stürzt nicht wieder ab, wenn der Kick vorbei ist. Wir saugen sie mit jedem Atemzug ein.

Dann wird der tiefe Friede Gottes unsere Seele durchströmen. Geborgenheit, in die wir uns einhüllen werden; Trost, der alles Leid in sich aufsaugt, bis nichts mehr davon da ist; innere Ruhe, die den Zweifel, die Anfechtung, die Ungewissheit besiegt.

Wir werden uns zum ersten Mal in unserem Leben wirklich geliebt fühlen, mit einer Liebe, die nicht nur will und fordert, die nicht liebt, um etwas zu erreichen oder ihr schlechtes Gewissen zu beruhigen. Wir werden nie wieder Hunger nach Liebe haben, der nicht gestillt werden kann. Aber wir werden auch lieben können, ohne Vorbedingungen, ohne Vorbehalte, ohne Erwartung, ohne Angst, zu kurz zu kommen.

Für Christen hat der Tod an sich keine Bedeutung. Aber er ist das Tor, durch das wir heimgehen zu unserem himmlischen Vater.

Sie haben auf vielen Seiten sehr viel über den Himmel und Gottes neue Welt gehört, vielleicht mehr als jemals zuvor in Ihrem Leben. Sie können wahrscheinlich nicht alles behalten, vielleicht waren Sie nicht einmal mit jeder Aussage einverstanden, aber lassen Sie uns die eine Tatsache im Auge behalten: Wir dürfen uns auf den Himmel freuen! So schrecklich wir den Tod auch empfinden mögen, er öffnet doch auch (unfreiwillig) das Tor in eine bessere Welt. Deshalb kann Paulus sagen: „Ich habe Lust, aus der Welt zu scheiden [zu sterben] und bei Christus zu sein" (Philipper 1,23; LUT).

Kapitel 10

Weitere Fragen zum Himmel und mögliche Antworten

Wie lang ist ewig?

Hinter der Frage nach der Ewigkeit steht eigentlich eine andere Frage: Bleibt die Aufteilung in Himmel und Hölle, in Herrlichkeit und Verdammnis für immer bestehen? In unserer christlichen Sehnsucht nach Harmonie wünschen wir uns, dass auch die Verdammnis irgendwann ein Ende hat, dass alle Menschen gerettet werden (bis auf wenige Ausnahmen vielleicht).

Tatsächlich ist Ewigkeit nicht einfach die Abwesenheit von Zeit. Wir haben zum Thema Himmel einige Hinweise gefunden, die zeigen, dass auch in der Ewigkeit Zeitrechnung vorhanden ist und Zeit abläuft. Ewigkeit ist aber auch nicht einfach Unendlichkeit, der Begriff steht eher für große Epochen. Das griechische Wort für Ewigkeit heißt *aion* und meint eigentlich Zeitalter. Das würde zumindest die Möglichkeit zulassen, dass nach Ablauf von Zeitaltern eine Änderung möglich ist.

Zusätzlich bekommt man bei Paulus den Eindruck, dass er manchmal etwas weiter schauen darf als Johannes (z. B. 1. Korinther 15,28). Bei ihm klingt durch, dass irgendwann die Herrschaft des Christus zu Ende geht und ein neues Zeitalter anbricht, bei dem Gott, dem Vater, alles unterstellt wird. Vielleicht kann zu diesem Zeitpunkt auch das Leiden der Feinde Gottes ein Ende finden.

Hinzu kommen noch viele Bibelstellen, die normalerweise von sogenannten „Allversöhnern"[9] ins Feld geführt werden und die beweisen, dass Gott will, dass alle Menschen gerettet werden. Diese Rettung könnte auch nach der Bestrafung liegen, denn Gott will sich über alle Menschen erbarmen. „Gott ist der Erlöser aller Menschen, insbesondere der Gläubigen", so formuliert es Paulus (1. Timotheus 4,10). Das kann eine zeitliche Vorordnung der Gläubigen bedeuten mit der Möglichkeit, dass später alle gerettet werden.

Sie merken an den vielen Konjunktiven, die ich gebrauche, dass es hier keine klaren und eindeutigen Aussagen der Bibel gibt. Deshalb steht diese Frage in dem Kapitel der ungeklärten Fragen. Ich persönlich halte es für möglich (und wünschenswert), dass Gott sich nach Ablauf von Zeitaltern über alle Menschen erbarmt.

Was ist mit den Kindern?

Auf einmal hörte ich einen lauten Schrei meiner Frau, mit Entsetzen im Gesicht zeigte sie auf das Wasser. Dabei hatte der Tag so vielversprechend angefangen. Wir wollten unseren freien Tag in einem privaten Klub in Quito verbringen. Heute würde man wohl von einer Wellnessoase sprechen, seinerzeit war es einfach ein Fitnessbereich mit großem Schwimmbad. Die Kinder planschten im Nichtschwimmerbecken und unsere Kleine spielte am Beckenrand. Claudia saß mit einigen anderen weiter entfernt auf den Liegen, doch nun blickte sie kreidebleich auf das Wasser, wo unsere Jüngste scheinbar leblos mit dem Gesicht nach unten trieb. Sie war unfähig, sich zu bewegen. Ich sprang in voller Montur ins Becken und fischte die Dreijährige aus dem Wasser, die gar nicht begriff, in welcher Lebensgefahr sie sich befunden hatte. Das war noch einmal gut gegangen! Aber was wäre gewesen, wenn sie ertrunken wäre? Hätte sie auch in den Himmel kommen können, sie hatte doch noch keine eigene Entscheidung für Jesus getroffen?

Dieser Frage bin ich oft begegnet: Was ist mit den Kindern? Kommen die Kinder auch in den Himmel? Die Fragen zeigen ja nur, dass wir das Herz auf dem rechten Fleck haben. Wenn uns das Wohlergehen der Kleinen am Herzen liegt, dann denken wir so wie Jesus. Er stellt seinen Jüngern die Kinder als Vorbilder vor Augen (Matthäus 18,3). Er warnt die Menschen ausdrücklich davor, Kindern etwas Böses zu tun, weil Gott solch eine Tat schrecklich rächen wird (Lukas 17,2). Dennoch finden wir in der Bibel keine Aussage, dass einfach alle Kinder in den Himmel kommen. Und das ist es doch, was wir uns wünschen!

Insgesamt findet sich zu diesem Thema nur eine Andeutung in 1. Korinther 7,14: Die Kinder von mindestens einem gläubigen Elternteil werden als heilig bezeichnet. Ich glaube deshalb, dass Kinder von Eltern, die an Jesus glauben, bis zu einer eigenen Entscheidung mit in die Gemeinschaft mit Gott gestellt werden. Wenn eines dieser Kinder stirbt, kommt es direkt in den Himmel. Dabei ist es unerheblich, ob es sich um ungeborene oder tot geborene Kinder handelt oder um Teenager, die schon an der Schwelle zu einem eigenen Leben stehen. Gott kennt schon das vollständige Leben, bevor es geworden ist. Aber er legt die Verantwortung für unsere Kinder auch in unsere Hand. Wir glauben für unsere Kinder, solange sie das selbst nicht können. Ich glaube deshalb, dass unsere Dreijährige an diesem Tag zu ihrem Vater in den Himmel gekommen wäre.

Wie viele Himmel gibt es?

Es waren ein paar wunderbare Tage, die wir in London verbracht hatten, ein Eheurlaub mit Sightseeing, Wachsfigurenkabinett, Einkaufsbummel, Musicalaufführung und viel Zeit zu zweit in einem original englischen Hotel, wo auch der Portier echten englischen Humor ausstrahlte. Als wir wieder in Basel landeten, mussten wir beide sagen: „Das war wie im siebten Himmel!" Einfach eine unvergleichlich schöne Zeit.

Nun beschäftigen wir uns ja schon seit einiger Zeit mit dem Himmel, aber der siebte Himmel ist uns bisher noch nicht begegnet. Gibt es wirklich verschiedene Himmel, wie der Volksmund vermuten lässt, oder ist das nur eine menschliche Vorstellung wie die von Petrus an der Himmelstür?

In der Bibel finden wir dazu nur wenige Hinweise. Einen haben wir schon betrachtet, als wir von Paulus gesprochen haben, der in den dritten Himmel entrückt wurde (2. Korinther 12,2–4). Eine andere vage Andeutung findet sich in Hebräer 4,14 (LUT). Dort heißt es, dass unser Hohepriester Jesus die Himmel (in der Mehrzahl) durchschritten hat. Im Alten Testament steht das hebräische Wort für Himmel immer in der Mehrzahl, wie übrigens auch das Wort für Gott. Aber die biblischen Belege reichen nicht aus, um zu sieben Himmeln zu gelangen.

Diese Vorstellung stammt aus den jüdischen Apokryphen (Testamentum Levi, Himmelfahrt Jesajas) und dem Talmud. Dort gab es ein Stufenmodell, wobei Gott im siebten Himmel wohnt und demnach in diesem Himmel die größte Glückseligkeit herrscht. Diese Vorstellung war wichtig, damit die unterschiedlichen Bemühungen der Menschen nicht in einem großen Einerlei endeten; jeder sollte gemäß seiner Gerechtigkeit belohnt werden. Natürlich hätte man noch viel mehr Stufen und Untergruppierungen wählen können, aber die Sieben ist die Zahl der Vollkommenheit und damit für die Beschreibung des Himmels optimal geeignet. Paulus greift in seinem Brief diese Vorstellungen nur auf, ohne sie zu bewerten oder gar in ein System zu bringen.

Der Schreiber des Hebräerbriefes wird auch nicht viel konkreter. Er erweckt mit seiner Beschreibung die Vorstellung, dass es im Himmel verschiedene Bereiche oder Abteilungen gibt, die Jesus als Hohepriester durchschreitet. Wie viele Bereiche es gibt, bleibt offen.

Jesus selbst macht allerdings deutlich, dass es im Himmel auch Unterschiede zwischen den Menschen geben wird. Er sagt zum Beispiel, dass viele der Letzten dort die Ersten sein werden und viele, die hier die Ersten gewesen sind, dort die Letzten sein werden (Matthäus 19,30). Es scheint im Himmel durchaus Hierarchien zu geben, auch wenn nicht so, dass der Himmel in verschiedene Stufen eingeteilt ist, sondern eher als Belohnung für die irdische Bewährung. Da werden wir noch manche Überraschung erleben. Wir können aber davon ausgehen, dass wir alle in den sprichwörtlichen „siebten Himmel" kommen werden, nämlich in die unmittelbare Gegenwart Gottes.

Wie sieht Gott aus?

Viele Theologen haben sich schon die Köpfe darüber zerbrochen, ob wir als Menschen auch äußerlich nach Gottes Bild gestaltet sind. In 1. Mose 1,27 wird festgestellt, dass Gott den Menschen zu seinem Bilde geschaffen hat. Das kann sich auf die Ähnlichkeit des Wesens beziehen, das den Menschen von den Tieren unterscheidet. Es kann damit auch die Beziehungsfähigkeit zu Gott gemeint sein, die den Menschen zu einem Gegenüber Gottes macht. Die Ebenbildlichkeit kann sich aber auch auf die körperliche Gestalt beziehen. Diese Frage ist für unsere Thematik insofern bedeutsam, als wir dann Rückschlüsse auf das Aussehen Gottes ziehen könnten. Zum Beispiel beschreibt Hesekiel Gott auf seinem Thron, der wie ein Mensch aussieht (Hesekiel 1,26ff). Auch einige andere Bibelstellen deuten eine menschenähnliche Gestalt Gottes an. Für viele Theologen ist das nicht mehr als ein Sprachgebrauch, der der menschlichen Vorstellung angepasst ist. Menschen können eben nur menschlich denken. Ich würde diesen Sprachgebrauch aber durchaus wörtlich und ernst nehmen und darin einen Hinweis auf die Gestalt Gottes sehen. Allerdings auch wirklich nur einen vagen Hinweis, denn bei aller Ähnlichkeit dürfen wir uns nicht darüber hinwegtäuschen, dass Gott ein göttliches Wesen ist und sich grundsätzlich von seinen Geschöpfen unterscheidet, auch von der sprichwörtlichen „Krone der Schöpfung", dem Menschen. Das wird in der angesprochenen Stelle aus Hesekiel 1 ebenfalls deutlich. Gott wird wie glänzendes Erz beschrieben (so wie Jesus in Offenbarung 1), Feuer und Glanz umgeben ihn und die Farben des Regenbogens gehen von ihm aus. Auch das ist die Person Gottes.

Gibt es einen himmlischen Körper vor der Auferstehung?

Wir haben in diesem Buch gesehen, dass wir als Menschen einen Körper haben und bei der Auferstehung auch wieder einen Körper bekommen. Für Menschen, die an Jesus glauben und nicht bis zur Entrückung leben, gibt es aber eine Zwischenzeit, die zum Beispiel für die Apostel schon ziemlich lange dauert. In dieser Zeit dürfen sie schon bei Jesus im Himmel sein, haben aber weder ihren alten Körper noch den Auferstehungsleib. Existieren sie in dieser Zeit als reine Geistwesen oder gibt es eine „körperliche Zwischenlösung", wie einige Beschreibungen in der Offenbarung (4,4.10; 7,9) vermuten lassen? In diesen Bibelstellen werden Menschen beschrieben, die schon im Himmel sind, sie sitzen auf Thronen, sie werfen sich vor Gott nieder und legen ihm ihre Kronen zu Füßen, sie halten Palmzweige in ihren Händen. All das deutet darauf hin, dass sie einen Körper haben.

Einen Hinweis darauf gibt auch Paulus in seinem 2. Korintherbrief, wenn er davon spricht, dass ein Körperbau im Himmel für uns bereitliegt (Kap. 5,1–2). Ein bereitliegender Körper ist nicht das Gleiche wie ein Auferstehungsleib, dessen Grundlage der alte Körper ist und der aus diesem Grunde noch nicht bereitliegen kann. Das deutet auf eine Art körperlicher Zwischenlösung bis zur Zeit der Auferstehung hin.

Dank

Ich danke meiner Frau Claudia und meinen Kindern für den Freiraum und die Unterstützung beim Schreiben dieses Buches.

Ich danke meiner Schwiegermutter, die mit ihren Fragen den Anstoß zu diesem Buch gegeben hat.

Ich danke meinen Eltern, die mir von klein auf den Himmel lieb gemacht haben.